U0013074

親愛的馬克瑪麗

Re:是不是每個男人都這樣？

◆作者 歐馬克

◆繪者 吳瑪麗

suncolor
三采文化

這樣就算在一起了嗎？

CONTENTS

戀愛ing，為何總是搞不懂你

夾在我們中間的那些人

到底出了什麼問題？

CONTENTS

啟

CHEMIS

這樣就算在一起了嗎？

TRY

data

主訴 ————————————————————

像這種要求我這輩子沒見過

 Lydia

　　馬克、瑪麗，有聽過一句話說「通往女人心的道路是陰道」，以前聽到的時候，我覺得很誇張，但認識了 Max 之後，我卻覺得很有道理。

　　Max 是我在職場上的前輩，年紀大我很多，剛開始，從沒談過戀愛的我，其實沒把他當成戀愛對象。但後來，可能因為在公事上很依賴他吧，漸漸的，我和他越走越近，下班後會相約吃飯，放假時也會約出來碰面，聊天的話題也從公事進展到私事。

　　他沒有女朋友，沒有結婚，看著我的眼神總是很熱情，總是會讓我覺得「被需要」，還以為自己很漂亮很可愛很有魅力。

　　大概就是這樣的虛榮感，讓我越陷越深，每天都很期待在公司裡看到他；期待收到他的訊息、期待和他單獨相

處，更期望和他有進一步的發展。

　　情人節的時候，他約我出去、送我禮物，離開時，還問我要不要去他家。在他家喝了半瓶紅酒後，我們就上床了。事後，他抱著我聊天、睡覺，一切都發生得那麼自然，自然到我以為，我們已經是男女朋友了。

　　但是，接下來的幾天，他對我的態度卻像個普通後輩，見面及回訊息的頻率沒有提高，也沒有男女朋友間的早安晚安、噓寒問暖。

　　我傳訊息給他，鼓起勇氣問他：我們現在到底是什麼關係？他說見面再談，並且約我在 Motel 碰面。坦白說，當他約 Motel 的時候，我還有點高興，心想：對啊，我們都有親密關係了，不然咧？當然是男女朋友啊！

　　沒想到……當我們在 Motel 做完愛之後，他卻說他只是把我當成比較需要照顧的後輩，如果我無法接受，那還是分開好了。

　　我真不敢相信，都沒有在一起了，哪來「分開」？難道他只把我當砲友？

我越想越傷心，只好勉強自己，逐漸拉開和他的距離。公司裡沒有人知道我和他的事，每當他藉著公事來找我，或是約我見面的時候，我都覺得心很痛。心痛的同時，又抱著一絲希望，好希望他告訴我，他已經準備好跟我認真交往，他改變心意了，他發現自己是愛我的。

　　就這樣過了一段時間，期望、失望，無數次的期待又落空，我知道我該醒了，但卻做不到。聖誕節的時候，他放了我鴿子。我拿著準備好要送他的東西，哭了整晚，終於認清這不算是一段感情，只是我的單戀和自以為而已。

　　我決定封鎖他，再也不要理他，沒想到他過了一陣子，卻又若無其事地約我出去吃飯，更恐怖的是，我居然還是赴約了，赴約後，還是跟他做了。

　　我開始覺得這一切好像鬼打牆，又或是夢中夢，我以為自己醒了，卻始終困在走不出去的夢境裡。

　　馬克、瑪麗，我真的不想再繼續這樣下去了，你們罵罵我好不好？我好希望能趕快結束這場夢……

各位親愛的讀者。

歡迎您翻開本書，在本書中，你會見證到人類的內心有多麼地奇異。就像這封信的最後，來信者說道：「你們罵罵我好不好？」寫信來求被罵，像這種要求我這輩子沒見過。而且這可不是特例喔，隨著信件越看越多，你會發現這樣的人還真不少。

罵得越用力，做得越開心啊。

人到底為什麼這麼犯賤？明明知道不想重蹈覆轍，卻還是繼續去做，愛因斯坦說過：**「什麼叫瘋子，就是重複做同樣的事情，還期待會出現不同的結果。」** 面對這樣的瘋子——越想要討罵，我們越不能罵。因為當「做錯事」與「被責罵」、「被處罰」這樣的連結建立起來，旁人罵得越用力，他越會繼續去犯傻幹錯事。明知道自己做的事情是錯的，但還是去做了，做了以後再寫信來尋求責罵，好像自首就可以減輕刑責，好像先告解知道自己錯了，就可以被原諒……我不想成為你讓自己好過一點的工具，我

不想輕易給出讓你可以繼續逃避內心的 relief。

人性的設定就是
看重短期回報大於長期回報。

從沒談過戀愛的你對愛情有什麼憧憬？你對愛情的想像從何而來？

小時候看的浪漫偶像劇、少女漫畫？兒童時期接觸到的童話故事，王子與公主從此過著幸福快樂的日子？有一天會出現一個人，他成熟穩重，他見多識廣，他帶領你認識世界，處理人生的不如意；他會是你的心靈伴侶，你們無所不談，是彼此最好的朋友，你可以完全地信任他，而他會成為你人生中的支柱。

對現實世界的認識不清，是你必須面對的第一件事——**王子只活在童話故事裡**。對其他人不可一世的高冷霸道總裁，對你卻是溫柔體貼，把你照顧得無微不至，讓你受寵若驚：「平凡的我，究竟何德何能能得到這樣的對

待？」這樣的情節也只出現在弱智化的愛情故事中。

現實世界的人，大多跟你我一樣搞不清楚狀況，不知道人生的優先順序是什麼，會被短期回報沖昏頭，**對男性而言，十分原始的短期回報就是性的抒發。**

我們會用各種方式試圖排解每天生成的精液。當我是你的前輩學長，我就會利用我的前輩學長光環；當我是你的老師老闆，我就會利用我職務上賦予的權力逞獸慾（直到敗露事跡）。當我有長相、身高、錢，我會盡量利用這些優勢去觸及可能觸及的人；而當我什麼都沒有時，我也可以利用大把大把的時間去盧、去情緒勒索，來達到我的目的。

抱歉，野獸從小就對浪漫愛情那套嗤之以鼻，我們觀賞那些垃圾的角度，是因為學習這套公式，可以更快得到我們想要的——**射精**。

當你對世界與獸性有了正確的認識，再回頭好好想想自己為什麼想談戀愛，以及你有沒有好好建立起與狼共舞

的心態。早安午安晚安熱切的眼神沾蜜的嘴唇都只是為了得到你的吻；關心你的公私事充當你的人生導師，展現處處很罩的模樣也只是為了解開你的胸罩。只有當你的心理建設完全了，你才不會太容易就著了道。而如果你已經不幸中標，你也不必苛責或逼自己要趕快戒掉。畢竟炸雞、蛋糕、宵夜、手搖飲，你也一樣都戒不掉啊，不是嗎？

肥，永遠減不了，原因可能是你的理想太過高遠，或者是你根本不知道為什麼要減。還有一個最根本的問題，你為什麼會攝取過多的熱量？你為什麼這麼想吃，又為什麼不能不吃？

戒食跟戒愛是一樣的道裡，你對愛情的想像是不是太完美，或是你根本不知道何謂真正的愛，以及，最根本的問題是，你為什麼想要伴，為什麼不能不要伴？

就像我嚷嚷著想要腹肌，想要變成肌肉男喊了五年，我的身形除了發胖沒有任何改變，吃喝照常（甚至更不健康），你打我罵我羞辱我有用嗎？你儘管用最狠毒惡劣的詞彙羞辱我，讓我難堪讓我難過，但也不會造成什麼實質

上的改變。**我依然故我，因為當我沒有找到我內在那個想要出發、想要改變的動力與決心**，沒有任何人有辦法改變我的行為。打罵如果有用的話，那這世界早就完美了啦。

努力向內去找找內在的那個「為什麼」吧！

拒絕的技巧

 好好小姐

　　馬克、瑪麗，問你們哦！拒絕別人有什麼技巧？到底要怎樣，才能拒絕別人啊？

　　前陣子，我媽問我怎麼都沒交男朋友，大學都快畢業了，連半個對象也沒有，該不會以後嫁不出去吧？好巧不巧，我媽才講完沒幾天，朋友就介紹我認識了 R。

　　R 大我六歲，在一間外商公司上班，人長得陽光陽光的，身材不錯，也很高。第一次見面的時候，還有其他幾個朋友在，我和他沒有特別聊什麼，只覺得他條件滿好的。沒想到離開的時候，他主動問我能不能交換 Line，我想想也沒差，就把 Line 給他了。沒想到當天晚上，他不但主動傳訊息給我，還很積極地約我單獨見面。

　　我心想這也太快了吧！我和 R 根本不熟，第二次見面就單獨出去好像不太好，但他說，見面之後就熟了啊，跟我約在一個公園裡碰面。

公園是公眾場合，又是約白天，應該還好吧？就這樣，我到了約定好的公園，他向我揮手，接著把我帶到公園旁的大樓。進去後，我才知道，原來那是他家。

接下來的發展你們應該都猜到了，才進他家沒幾分鐘，我們就上床了。我說不行，但 R 說沒關係，而且連保險套都沒用。我有點生氣，說這樣會懷孕，但他一直說不會，強調絕對不會懷孕。我心想怎麼可能不會懷孕，但當時的情況讓我覺得，好像不適合再追問下去，所以我只好把話吞回去。

之後，同樣的情形又發生了幾遍，不管我怎麼拒絕，他總有理由來堵我，而且，每次都無套！最後，我終於受不了了，問他到底什麼是「絕對不會懷孕」，他才說他已經結紮了。馬克、瑪麗，我真的很懷疑，一個不到三十歲的男人，結紮是正常的嗎？他會不會只是在糊弄我啊？

跟你們說哦，其實，第一次的時候，我回家之後感

到很害怕，就找朋友陪，去藥局買了事後藥。我吃了事後藥，身體不太舒服，也覺得有點後悔，要是當時多問 R 幾句，知道那是他家，我就不會去了。

　　但是，我明明這麼後悔，之後他盧我，我卻又不知道該怎麼拒絕，接著又發生了第二次、第三次……

　　馬克、瑪麗，我真的好氣自己哦！如果我會拒絕別人，就不會讓同一件事一而再、再而三的發生了。我真的不知道自己為什麼會把事情搞成這樣……

國民判斷力普查

（×）能不能去不算熟的陌生人家裡

（○）能不能去不算熟的陌生人但是他長得陽光陽光身材不
錯又高的人家裡

（×）能不能讓人無套進入

（○）能不能讓長得陽光陽光身材不錯又高的人無套進入

　　不要說你氣自己，我看了你的信後氣到發抖，我也長
得陽光陽光身材不錯長得又高啊 ☺

為什麼拒絕別人這麼難？

知道嗎？無法拒絕別人，通常是因為無法劃清自己與外界的個人邊界。個人邊界指的就是你對外在身體或內在心理所立下的底線。

當你邊界感薄弱時，會對別人的問題產生使命感，把別人的問題當作自己的問題；真的需要拒絕別人時，也會有深深的愧疚感；更容易以第三者的評價，來評斷自身的價值。

但其實，拒絕不代表失去，拒絕是表示你更懂得選擇。你會因此擁有健康的人際關係，與每一個人互相尊重；可以抱持熱情，把時間精力放在對的事物上，最終也就能釐清自己真正需要的東西。

三步驟溫柔而堅定地表達拒絕

❶ 傳達感謝

讓對方留下被感謝的印象，也表達出重視這份請託的心意。

❷ 提供明確的理由

說明理由不但可以讓雙方都有台階下，甚至可以讓對方同理你的難處。

❸ 給予替代方案

主動提出適合的替代方案，降低對方被拒絕而產生的沮喪情緒。

好好拒絕是需要練習的，你可以聽這裡：

file003

無性戀行不行？

 小無

　　嗨，馬克、瑪麗，我想講一個難以啟齒的煩惱。

　　我和大多數女生一樣，小時候曾經暗戀過班上的男同學，但是長大後，我卻發現自己會為了同性好友而吃醋，嚇了我一大跳。這讓我不禁懷疑：難道我是雙性戀嗎？

　　後來可能有點逃避的心態吧，直到就業後，我都不願再去深思感情的問題。我想，反正我還年輕，人都是會變的，只是暫時沒有遇到好對象而已，這又沒什麼。

　　但夜深人靜時，我卻覺得有股說不出的不對勁，為什麼別人都可以很容易就喜歡上一個人？我卻辦不到。性吸引力究竟是什麼？我真的不明白。

　　我不知道哪裡出了問題，直到在網路上看見「無性戀」這個名詞。

　　我越看越害怕，越看越覺得那就是我。我不想面對這

件事，想當個正常人，更不想往自己身上貼標籤。

　　我不斷逃避，但隨著年紀越來越大，家人開始逼我去相親，希望我能認識更多異性。我發誓，我真的努力過，但就算和對方聊得很愉快，對方也有意思，我卻沒有任何感覺。

　　我不想單身一輩子，也想和對的人戀愛、約會……然而對方真的能接受這樣的我嗎？對方能夠接受無性生活，當我的心靈伴侶嗎？

　　我是應該先向對方坦承一切，鼓起勇氣出櫃？還是應該不管三七二十一，先交往再說？說不定交往之後，就能感受到那股傳說中的性吸引力了。

　　但是……萬一始終都沒有怎麼辦？把對方當成白老鼠的我，是不是很自私呢？

　　馬克、瑪麗，請問我到底該怎麼做？無性戀到底行不行？這樣的我，還有資格能尋找伴侶嗎？

　　覺得感情與工作有高度相似性的我，想要做一下名詞替換，不知道你看完之後會不會有些不同的想法。

///

　　我和大多數人一樣，小時候曾經想當老師／空服員／警察／消防員等有個正常職業的上班族，但是長大後，我卻發現自己會為了不用上班而感到開心，嚇了我一大跳。這讓我不禁懷疑：難道我不想工作、只想耍廢嗎？

　　後來可能有點逃避的心態吧，就算出了社會，我都不願再去深思工作的問題。我想，反正我還年輕，人都是會變的，只是暫時沒有遇到好工作而已，這又沒什麼。

　　但夜深人靜時，我卻覺得有股說不出的不對勁，為什麼別人都可以找到工作並且持續地做下去？我卻辦不到。工作的吸引力究竟是什麼？我真的不明白。

　　我不知道哪裡出了問題，直到在網路上看見「尼特族／啃老族／繭居族／打工族」這名詞。

　　我越看越害怕，越看越覺得那就是我。我不想面對這件事，想當個正常人，更不想往自己身上貼標籤。

我不斷逃避，但隨著年紀越來越大，家人開始逼我去找工作，希望我能認識更多工作。我發誓，我真的努力過，但就算和對方聊得很愉快，對方也有意思，我卻沒有任何感覺。

　　我不想不工作一輩子，也想有對的公司保障我、讓我開心……然而真的有老闆能接受這樣的我嗎？對方能夠接受我抗拒上班，當我的生活支柱嗎？

　　我是應該先向對方坦承一切，鼓起勇氣說出自己內心的恐懼？還是應該不管三七二十一，先做了再說？說不定做了之後，就能感受到那股傳說中，工作帶給人的吸引力了。

　　但是……萬一始終都沒有怎麼辦？把對方當成白老鼠的我，是不是很自私呢？

　　請問我到底該怎麼做？不想工作到底行不行？這樣的我，還有資格能尋找工作嗎？

///

在煩惱感情與工作的時候，不知道你有沒有想過「我們為什麼活著」這個問題？活著是為了要找到一個心靈伴侶嗎？活著是為了要找到一份自己熱愛的工作嗎？我想大部分的人都會覺得這樣的答案太侷限了吧!?

再換句話問，想想你身邊最近剛出生的小嬰兒，對一個剛誕生的人類生命而言，「活著可以做什麼？」

什麼都可以做啊，作奸犯科也可以，只是要承擔起之後的逃亡與被捕後的刑責而已。活著可以做任何事情，活著可以嘗試任何事，我們活著，就是為了體驗這個世界！

增加體驗的方式就是去做，沒有別的路。

就算藉由閱讀，未來藉由 VR ／ AR 所得到的沉浸式體驗，跟親自去做、親自完成的感受，是完全不同級別的體會。不論你的共感程度有多高，對戲劇、對文本、對音樂投入多少感情，你可能覺得自己的投入已經讓你跟著劇中人物角色起伏，你也因為最後的結局不完美而心痛哭了

好幾夜，你覺得自己好像也失戀了，但是那種痛楚，**跟你為了一段感情付出之後，被狠狠甩掉的痛，根本無法相提並論**。

對最最最悲觀，不知道為什麼要活著，活著沒有目的，總是把「去死」掛在嘴邊的瑪麗來說，「為什麼要活著？」的答案，就是「去死」。但是我們「活著」是既成事實，每天都在衰老，每天都在面向死亡，這一件事也是事實，而從「活著」到「去死」這之間的過程，要體驗多少，能體驗到多少，是我們自己的選擇。

綑綁我們裹足不前的，都是同樣的心智：恐懼。恐懼的根源，來自對自己的認識不清。你的疑惑，你的糾結，你的害怕只有你自己能夠解決。問了一百個人，得到了一百零一種答案，最後還是回到你要選擇哪一個答案去執行、哪一條路去走。當我們不知道自己是誰，不確定自己想要的是什麼，就算很幸運地得到了「標準答案」（溫馨提示，世界上沒有這種東西），我們也不會去實行，我們

甚至無法辨識出那就是針對我們問題的最佳解；因為我們處在一團迷霧中，我們沒有方向，我們充滿不安與恐懼。

以平均壽命 80 歲來算，人的一生不過四千個禮拜，每當我們期待週末來臨，又為週一的到來感到憂鬱時，我們又過了四千分之一個人生。**我們可以繼續被恐懼與擔憂主導，也可以多花時間了解自己。**不知道怎麼了解自己？只要在搜尋列打上「認識自己」、「了解自己」，然後照著文章或影片的指示一步步去做，一個個問題去反覆思量，一定會比什麼都不做來得強。

我們活著，是為了體驗這個世界！

但我也大膽地預言，看完這段話，會真的放下書去實踐，並且持續操作的人，不會超過 1%。

我很想被打臉，歡迎你打臉我。

內在匱乏的人不要用交友軟體

 啊好

馬克、瑪麗，聽你們的節目很久了，從來沒有想過有一天，我也會淪落（？）到要寫信給你們的地步。

為什麼我會這樣講咧？其實是因為，以前每次聽別人的煩惱，我都會在心裡想說：拜託，幹麼那麼放不下啊？看開一點就好了啊！如果是我，一定怎樣又怎樣……想得很簡單。

但是，現在我知道錯了！這可能就是所謂的現世報吧？真的讓我遇到了。

前陣子，我在朋友的慫恿之下使用了交友軟體。我想，只是打發時間聊聊天而已，又不是要約砲，應該還好吧。沒想到認識了他，就稱他為 A 君好了。

A 君和我住在不同的城市，但是我們的年齡和學、經歷都很類似，興趣、喜好也很相投，一下就聊開了。我們

越聊越起勁，也聊得越來越晚，只要一天沒講話，就會渾身不對勁；聊到後來，我連Ａ君有哪些親朋好友都瞭若指掌，就連出門都會向他報備。

很快的，我就發現自己喜歡上Ａ君了！而他和我的對話內容，也越來越曖昧，從文字訊息，到語音訊息，進展到通話……到後來，就連「好想你哦」、「如果能馬上見到你就好了」這些有點「越界」的句子，也越來越頻繁地出現在我們的對話裡。

我們就在這樣的氣氛下，約好了要見面。

見面的那天，我很緊張，還特地打扮，但一切都比想像中來得好。我們一起逛街、吃飯，Ａ君還半開玩笑地餵我吃東西，摸我的頭，過馬路時，還會不經意牽我的手。

回程時，我在高鐵上收到他的訊息。他說見面的時候，他一直很想抱我，只是怕嚇到我，所以忍得很辛苦。

馬克、瑪麗，你們看，他這樣講應該就是真的有喜歡我吧？不是我會錯意吧？一般朋友怎麼可能會這樣咧？

但是，沒想到過了幾天後，Ａ君卻突然變了，不只回覆訊息的時間越來越長，句子越來越短，到最後，甚至跟我說他累了，別再找他聊天了。

　　我整個嚇到，忍不住脫口問Ａ君說：「那你有喜歡過我嗎？」一問出口，我就後悔了，等他回覆的時間明明才過了幾分鐘，可是我卻覺得已經過了好久好久。幾分鐘後，畫面上出現了「沒有吧」三個字。我拿著手機大哭，不知道為什麼會變成這樣。

　　我一直在想，是不是我無意間說錯了什麼，還是做了讓他討厭的事？會不會其實我們那天見面的時候，他就已經覺得我和他想像中差太多，只是不好意思說出口？

　　我把我們的對話紀錄拿出來，從頭看了好多遍，看到那些曾經的曖昧內容，越看越難過，明明我們以前曾經這麼要好的啊！難道真的是我太容易暈船了嗎？我覺得自己好蠢，聊天聊到心都被撩走了。想靠交友軟體找對象，是不是真的很難成功？

他現在摸你的頭，
是因為之後他想要你摸他的小頭。

Dear 失戀的小好

不知道你有沒有發現你的慣性思維：當事情走向不如自己的預期時，先檢討自己是不是哪裡做錯了。我覺得有反省能力是一件好事，但事件的發展有很多不可控的因素，**你有沒有想過這個不如預期的結果，也有可能是對方的問題，其實與你無關呢？**

交友軟體上，許多人都是多線同時進行的，你以為他只有你，但實際上同時有千千萬萬個你。你是在跟不知名的玩家們一同競爭他的心。你是專心與一對一的，不代表別人也是這樣。在認清這項事實後，不知道你會不會覺得有點不公平：「為什麼他可以當點檯的大爺，而我只能當被點的小姐？」（或是，為什麼她可以當高高在上的王子公主，而我只能當工具人勇者？）

最主要的原因是，自信。

自信可能來自於外在條件，長相、身材、職業、薪

水，或是交易市場上的僧多粥少，也可以造成很有自信的粥。自信也可能來自內在，有些人就是莫名其妙地有自信，無關乎成就與能力的自我感覺良好。不過，**有一種自信是來自於自卑偽裝成的高姿態，若你一時不察，就容易落入他人的玻璃心與恐怖情人陷阱。**

當一個有自信的人認為他是值得被追求的，他就會把自己放在被追求的位置；反之，當一個人是匱乏的、認為自己不夠好的，他就會把自己定位在被選擇、要努力爭取關注的角色。

內在匱乏有四種表現，當人們恐懼的時候，也常常會出現這四種反應：

第一個表現，是亂問問題。一直講話，一直問問題。害怕空白，因為最怕空氣突然安靜，所以為了填補空白而不斷說話。然後這些問題，通常都是沒有經過思考的反射性問題——「你午餐吃什麼？你要回家了嗎？你在幹麼？」甚至相同的問題會一問再問，已經問過的問題沒多久又問了一次，代表你根本沒有認真在聽人說話，你的精

力是放在「用說話把空白填滿」這件事情上。

　　除了問問題之外，一直喋喋不休地說著自己的事情的人也是一樣。[1]

　　第二個表現是尖酸刻薄、充滿攻擊性、酸言酸語，看什麼都不順眼。 試圖用他的武裝去掩蓋內在的不安；那個人爛、那個人醜、那件事真蠢、那種情形根本不可能，這些言語都是試圖在轉移聽者的焦點，希望聽者不要把注意力放在他的身上細察，不然自己的爛醜蠢窮會曝光，在高大威猛的表象下只是一條懦弱害怕的小蟲子。

　　第三是講話越來越大聲，生氣了。「見笑轉生氣」（台）。「你怎麼可以質疑我」，「你憑什麼這麼說」，用憤怒作為武器，試圖震懾壓制對方。

　　前面三種反應是比較激動和攻擊型的，第四種表現是比較消極型的。

1　關於對話自戀症，請掃 QRcode 可以看更多

第四種表現是模稜兩可，什麼都覺得「喔……是喔，喔……不知道耶，嗯……也許喔」，或是話不講完。起了個話頭，但是無法完結句子。因為怕講出來後被取笑，因為怕講錯，所以乾脆維持這種有講跟沒講一樣的曖昧性，保持多元解釋的空間，如果被質疑了，還可以用別的方式圓回來。

　　由於缺乏確定性，沒辦法做決定，所以總是陷在無止境的遲疑與不確定中。

　　歸根究柢，人為什麼會對一個網路上認識的人患得患失，是因為你內在的匱乏與恐懼。你害怕自己錯過了這個人，你害怕自己得不到幸福。你的腦海已經預想了跟這人在一起的幸福畫面，可是現在好像事情不是你想的那樣。

　　管理自己的預期，讓自己清醒。預期只是作夢，而夢是虛無的。把焦點放回自己身上，改進自己，相信自己可以，相信自己是好的，相信自己會成長，專注在自身的發展，然後成為那個被追求的人。

讓自己快樂。

　　不是因為誰喜歡你，誰選擇了你所以感到快樂，而是你喜歡自己、接納自己，讓自己快樂。

聊著聊著，
心就被撩走了。

處女的煩惱

 拿鐵加辣

　　馬克瑪麗，你們好！我是資深點友，拿鐵加辣，今年二十七歲，還沒交過男朋友，雖然曾經暗戀過同學和學長，但可能我太害羞了，還沒告白，就已經畢業了。而踏入社會之後，我的工作環境裡又只有老闆和老闆娘，沒機會認識新對象，所以從來沒羅曼史。

　　眼看著年紀越來越大，身邊的同學、朋友陸續結婚，連小孩都有了。我越來越心急，下定決心要主動出擊，就算不脫單，也要多認識幾個異性朋友！所以咧！說出來也不怕你們笑，短短幾個月，我跑遍大大小小的活動，連內政部辦的蝦密交友聯誼都去了，哈哈哈！

　　但是齁，後來我發現，在這種活動裡會受歡迎的，都是本來就長得滿不錯的女生啦！或是老師、護理師這種行業，要不就在銀行、郵局上班，最好還要長髮飄逸，穿著

一身飄逸的雪紡洋裝那種，實在不是我的主場。

　　結果，繞了一大圈，還是必須回到我起初最排斥的交友軟體。為什麼排斥交友軟體，當然是因為我覺得交友軟體很可怕啊！好像會遇到很多怪人，或是那種目的性很強，秀肌肉、露身體、劈頭就要約砲的。但是有什麼辦法咧，既然下定決心了，只能硬著頭皮衝了！

　　我下載了好幾個APP，開始瘋狂找對象。真的不誇張哦，只要是那種沒有限制配對次數的，我每天都滑到眼睛痛。這中間實在遇到太多怪咖了，下次我再寫信告訴你們，以下讓我們先省略一萬字，哈哈！ 總之咧，經過千挑萬選，終於選到了KING。

　　KING 他這個人哦，頭貼看起來乖乖的，衣服也包得很緊，讓我一開始就滿有好感的。但因為我沒經驗嘛！很怕看走眼，所以就假裝試探他，問他要不要聊色。他很正氣凜然說不要，立刻又讓我的好感飆高，我就放下心防，跟他聊起來了。

KING 很健談，什麼話題都能接，幾次後，我發現他不只能聊，也很能「撩」。雖然說好不聊色，但後來還是忍不住聊到 SEX，我也漸漸對他產生遐想。

　　做愛到底是什麼感覺？第一次真的會很痛嗎？痛過後，又有多舒服咧？我對性充滿好奇，滿腦子都是這些念頭，我也坦白告訴了 KING。他知道我是處女後，說不想破處也沒關係啊，反正先出來見面，看要摸要親要舔都可以啊！要我好好考慮，想好再跟他說。

　　坦白講，我真的很心動。我想，有了第一次，一次跟一千次根本沒差。那第一次不就很重要？第一次應該要保留給男朋友比較好齁？

　　但是，我目前最有好感的男人就是 KING 啊！萬一接下來，我都沒有遇到喜歡的人，再過幾年，說不定連在交友軟體上，都找不到人要跟我做了，那豈不是太慘了嗎？

　　馬克、瑪麗，你們幫我想想辦法好不好？我到底要約，還是不約咧？處女怎麼這麼麻煩啊？

　　關於第一次是不是這麼重要這個問題，我可以斬釘截鐵地告訴你，是！

　　第一次的體驗超級重要的，我在說的不是性，或應該說不只是性，而是所有的體驗都一樣，**第一次的經驗對我們的腦子和心靈占有決定性的影響力。**

　　先別講性，講些日常生活的體會就好。遇到第一次見面的人，或是面試的時候，第一印象決定了大部分你們未來互動的走向。從事沒有做過的運動或活動後，第一次的體驗決定了你未來會不會再做第二次第三次。SPA 會館也是這樣攬客的，給你第一次超級優惠價，提供你賓至如歸的感覺，然後希望你買十堂課程。

　　讓我們把性先簡化成跟爬山打網球一樣的活動就好，如果你的第一次健行、第一場網球體驗的感覺很差，那麼你之後可能有很久的時間都不會主動去碰它。但是另一方面，性又不只是爬山打網球一樣，它**除了身體的活動外，跟心靈、自尊有著神祕的連結**，如果你的第一次性體驗感覺糟糕，那除了以後對性事沒什麼興致之外，更怕的是你

因此而對自己的評價與感受低下，活在不值得與懊悔中，導致錯事越做越多，人生的軌跡也越來越偏離你理想中自己的方向。

學術研究的結果顯示，**美好的初夜會讓人生往後的性生活多彩多姿，而初夜有感受到被愛與被尊重的人，日後在性事上的身心靈滿足程度也最高**。如果人們初夜發生的時間年齡太小，或是在壓力的情況下發生（例如被另一半要求：「你不給我就是不愛我。」這種為了取悅另一半與為了維繫關係而勉強自己；這也可能發生在職場學校等權力不對等的環境中，因為害怕被開除、被當而屈服在對方未說出口的脅迫下），或者是以為對方會用心呵護，結果發現被像衛生紙般地對待。

這樣的初夜經驗會設定出一種感覺模式，就像前面提到任何第一次經驗所留下的印象一樣，基準線（baseline）會影響著未來的判斷，而由於性跟自尊的連結關係，自信又是一切選擇與行為的根本，糟糕性經驗所帶來的一連串後果，可能遠大於你我的想像。

我們常常在一些瑣事上花費過多的時間做選擇與比較，例如午餐吃什麼？去哪裡買手機比較划算？哪張信用卡可以給我比較多的回饋？這些事情不是不重要，但是相較於人生選擇來說，它們根本是雞毛蒜皮。

有趣的是，我們對於自己的人生選擇卻沒有這麼錙銖必較，一個可能決定你一生的校系選擇、職涯選擇、感情對象，我們竟然常常是出於衝動做出決定的。這跟大腦的資訊過載有關，當要考慮的事情太多，記憶體無法負荷，我們會乾脆 shut down，隨便選一個最直接、最簡單、剛好在手邊的選項做了再說。

Just Do It 是經過深思熟慮後的放膽去做。

Just Do It. 是一種態度，端看你要怎麼解釋。如果你認為 Just Do It 是一種「算了啦、隨便啦、先做再說」的豁達草率，那很有可能你得到的也是一些很隨便很爛的結果。對於 Just Do It 的深層解釋是，當你經過了深思熟慮，列出了優點與缺點，模擬了事件的走向後，已經知道

了該怎麼做，卻還是有點害怕猶疑，這個時候**請不要害怕，放掉你的擔心與憂慮，直接去做吧。**

　　前面說到了第一次性經驗對人生的影響，這也是一件重大的人生選擇，而你有沒有留足夠的時間來好好考慮這件事呢？

該不該見電愛夥伴呢？

 足足

　　馬克、瑪麗，我是足足。我聽了很久的青春點點點，一直對點友們提到的交友軟體很好奇，很想嘗試又有點害怕。終於，在滿二十歲的當天，我決定加入廣大的交友軟體教（？）了！

　　先說，我單身，有交過一個男友，不到幾個月就分手了，還沒有真正發生過性行為。只有擦邊，沒有插入。

　　我用交友軟體只是想打發時間，不是要約砲，也不是想找男友。所以，我都找沒有清楚露臉的對象，開宗明義說不聊色、不約砲，只要話題一歪，我就立刻跑掉。

　　本來以為這樣會很難找到好聊的咖，沒想到卻讓我遇到了阿嘉。我在中部，阿嘉在北部；我是學生，他剛退伍；我是老么，他是老大。我說純聊天，不色不約，他沒意見，於是我們就這樣聊起來了。他和女朋友分手不久，

沒打算太快談感情。

　　平常我們都是用文字訊息聊而已，結果有天，他喝醉了，問說能不能打電話。我愣了一下，還沒想清楚的時候，就已經答應了，等我回過神來，已經拿著手機在跟他 say hello。

　　不知道是不是因為酒精的關係，阿嘉的聲音聽起來有點低沉，啞啞的，很性感，讓我心裡有點怪怪的感覺。聊著聊著，他突然問我：「可以摸你嗎？」我一頭霧水，聽不懂他在講什麼，還吐槽他說：「摸屁啊？摸手機哦？」

　　他笑了笑，那個笑聲不知道為什麼，特別好聽，讓我有點腿軟。接著，他叫我閉眼睛，跟著他的指令愛撫自己，假裝是他在摸我。

　　「把頭髮撩起來，我要親你的脖子了。」「接著是脖子、耳朵，現在我要解開你的內衣了。你的胸好軟，好香……」他一句接一句，還搭配著喘息和呻吟。

　　剛開始我覺得很智障，好幾次笑出聲，根本沒辦法進

入狀況，但後來不知道怎麼搞的，可能是因為他的聲音很好聽吧，竟然也漸漸興奮了起來。我覺得很新鮮，也很刺激。有句話說「女人是聽覺的動物」，真是一點也不假。隔著話筒，我充分感受到了，原來光靠聲音，就能高潮。

　　自從這次經驗之後，我和阿嘉越來越常講電話，尺度越來越大，甚至還會一邊講，一邊自慰，幻想正在和對方做。雖然我很喜歡這種感覺，但有時候也會想：欸不是啊！說好的不聊色呢？原來這就是傳說中的電愛哦！

　　總之，和阿嘉電愛了好陣子之後，他向我提出了見面的要求。有過上次糊里糊塗答應他的經驗後，這次我不敢太快回應。我跟他說我要想想，阿嘉說好。然後，我就開始失眠了。然後，我就來寫信求救了。

　　我雖然想更進一步，但又覺得現在的距離感還不錯。因為我和阿嘉都沒看過對方的照片，萬一他長得很醜怎麼辦？萬一他覺得我長得很醜怎麼辦？萬一我們衝一波，結果幻滅了……

朋友說，聲音好聽的男人通常長得都很醜啦！就算叫他給照片看，照片也都是「照騙」啦！叫我保持現狀。

　　馬克、瑪麗，我到底要不要跨出這一步？

　　這就是我為什麼廣播生涯的前期堅持不曝光的原因，就算有現場活動我也都戴著牛皮紙袋跟頭套，像個犯人一樣，就是**怕讓人夢想幻滅與失望**。想像你隨意轉著廣播頻道，突然聽到了一個人的聲音是你的菜，或是他說話的內容吸引了你，這就像在茫茫人海中找到真愛一樣。可是隨著你越聽這個人的節目，你會開始發現他的觀點跟你不一樣的地方，你必須忍受、調整，或是決定離開；當你越來越接觸與認識一個人，知道他越多的資訊，你原先的美好幻想也就會漸漸消失，取而代之的是，越來越清楚這個人是什麼樣子的。

　　也就是說，**如果我們要維持在他人心中的美好形象，就要多保留個人的資訊**；你讓對方能夠查找知道的資訊越少，你越能讓對方活在他們自己的幻想裡。

　　人腦是個很奇妙的機制，它看東西是整體接收，瞬間形成印象的。當你看到一幅畫後，在沒有專業刻意的訓練下，你很難單獨分析特定部分。再舉個更明白的例子，之前在節目上舉辦「帥哥世界盃」的比賽，希望 PK 出世界

上最帥的人，評選標準先清楚聲明了：不評演技、不評才華、不評身材、不評品味，就單評皮相。結果還是有人打電話進來提名馮迪索，提名某個演員在哪部戲中有多迷人。當我們的大腦接收了整體的訊息後，就很難再客觀地分項評判，或多或少的程度一定會被已經形成的整體印象所影響。

大腦還有一個奇妙的機制是，對於遺失或不清楚的訊息，我們會自動用自己的想像把它補齊。

例如，penc_l，你會自動補上「i」，這種有正確答案的克漏字，得分！

那再試試這題：__own，你的答案是什麼呢？你對你的答案有自信嗎？

blown	crown	grown
brown	drown	known
clown	frown	shown

不只英文，試著讀下面這段文字吧：

研表究明
漢字的序順並不定一能影閱響讀
比如當你看完這句話後
才發這現裡的字都是亂的

很神奇吧，我們的腦子就是這麼奇妙的東西，會把失序的訊息自動腦補成合理的。（當我們遇到不願面對的事情時，為了避免認知失調，也會把對方不合理的行為腦補成合理的解釋，簡單說，就是會「騙自己」。）

線上交友、筆友這種不知道對方是圓是方卻聊得來的關係，非常難得；而有限的資訊和距離，創造了腦補幻想的空間。在這樣的美好幻想裡，一切都這麼地合拍，但是這種充滿神祕感與不確定的關係，也總有一天會破掉。

因為人性。我們就是想，得到更多。

我們會想著，既然這麼合拍，那為什麼不見面呢？殊不知是不見面才讓彼此合拍的。

我們會想著，要跨出舒適圈，要勇於為自己的感覺衝一發啊！那是因為就算失敗了也無所謂，反正你本來也只是個網路上認識的人而已。

想要見面的要求是一種高張力，會在線上關係中造成一種推拉。

「那我們見面吧。」

「不要啦。」

「真的不要嗎？難道你不好奇我嗎？」

「好奇啊……」

「那就見面吧。」

「可是如果你看到我不喜歡我怎麼辦？」

「我不可能不會喜歡你，你這麼可愛……」

然後開始新一輪的挑逗跟電愛。

但是這樣的推拉遊戲效力會越來越短，有一方會越來越不耐，他會想要突破這個循環，這樣的張力最終會讓關係破掉。可能是要求見面的覺得太煩了，突然斷聯，也有

可能是被盧要見面的覺得太煩了，決定斷聯。

　　無論如何，**這種架基在線上神祕感關係的聯繫，是很容易說斷就斷的。**

　　那麼見面呢？見面就可以繼續維繫關係了嗎？

　　是的，很小的機會。有很小很小的機會雙方也都對對方感到滿意，然後想讓這段關係進化成現實的關係。

　　然後有中等的機會是你抱著試一試的心情，跟他上床了，先不論過程感覺如何（很大的機會很糟啦），結局是這個人人間蒸發，或變成對你愛理不理，有身體需求才找你的關係。

　　我們就機率理性想想吧，他的現實也跟線上一樣美好的這種可能性有多高？一個帥哥性能力又好，為什麼要用不露臉的方式跟你電愛？他在現實生活中早就都排滿了，哪來的美國時間在那邊跟你線上推拉？

　　如果你想為了你的好奇心去揭開這個裡面住著薛丁格的貓的盒子，在這個情境中我可以滿有自信地告訴你，就算不打開盒子，裡面的那隻貓應該也是死的。

不過人不是以機率評估行動的動物啦，我們是一種明知不可為而為之的生物，就算知道結果可能是怎麼樣，我們還是要親自去確認才能放下。那，我能給的建議是，請先做好最壞的打算吧：

現實一定比幻想糟；真人一定比 2D 醜。

但長相破滅還不是最可怕的，最可怕的是你覺得給他一次機會，結果 end up 為他浪費了十幾年，然後在這期間被各種傷害凌虐、負債欠錢，或是經歷〈轉〉中你會讀到的各種奇葩感受。你可以輕蔑地說我在滑坡，哪有這麼誇張，但糟糕的感情通常都從那一點點的幻覺開始，越是美好得不可置信，受到的傷害也隨之成正比。**讓幻覺留在幻界，美好的感受曾經擁有就好，線上的關係就算破裂也無須感到可惜**，本來就是不相識的陌生人，認為自己錯過了一段千載難逢的好姻緣，這種想法只是腦補而已。

一步錯步步錯

 LOSER

　　馬克、瑪麗，我是潛水很久的聽眾，聽了很多別人的故事，不管是快樂的、難過的、憤怒的……坦白講，我都很羨慕。

　　從小到大，我都是個很平凡的人。不高不矮、不胖不瘦、不美不醜，家裡不有錢也不窮，讀的不是好學校，但也不是學店。

　　讀書的時候，我在超商打了幾個月的工，畢業後，做了幾年服務業，最後在家人的建議下，去補習班補習，報考郵局的職缺。但是，即使我花了很多錢補習、買參考書、利用下班時間拚命讀書……也都沒能考上。

　　這件事對我的打擊很大，也讓我在家人和同學朋友之間抬不起頭，感覺自己一事無成。明明都三十歲了，沒男朋友，沒結婚，沒小孩，連個像樣的工作都沒有。小時

候，我很愛看光之美少女和庫洛魔法使，長大後，才發現自己沒有魔法，不管多努力，終究只是個平凡人。

在這沮喪的時刻，我決定抓住青春的尾巴，至少跨出第一步：談戀愛。於是我到處參加聯誼，還下載了交友軟體，成天泡在 APP 裡，瘋狂找人聊天，瘋狂約人見面。但是，積極依然沒有用，大概我長得醜吧，好幾個對象看到我，都藉口有事先走，對我一點興趣也沒有。

我很消沉，也很憤怒，驚覺沒有外在，根本沒有人管內在！到底為什麼從小到大，那些老師和大人，都要這樣騙我？在這樣的心態下，我決定把所有的定存和保險都解約，拿著這筆錢去整形。不是微整那種，是真正的動刀，修復期長達好幾個月。

痛苦的修復期結束後，我換了張臉，接著就發現，明明是一樣的身體，只要臉不同，就能讓我原本的缺點變優點！以前被嫌胖，現在則被說肉肉的才好看。我覺得很好笑、很得意、很有成就感，約砲簡直太容易了！什麼台女

Easy，根本全世界的男人都很 Easy 啦！

　　有過第一次成功經驗後，男人一個接一個，只有我挑男人，沒有男人挑我。我越玩越 High，嘗試各種一夜情，沉迷在肉體歡愉裡。做愛的時候，我能感受到自己被渴望、被需要、被肯定，整個陷進去，無法自拔。

　　本來我覺得這樣的生活沒什麼不好，直到前陣子，生理期沒有來，我才驚覺自己懷孕了，而我甚至不知道孩子是哪個砲友的。懷孕之後，我默默去手術，手術就手術，沒啥大不了，但是躺在手術台的那一刻，我突然覺得自己很傻、很寂寞、很茫然，也很想哭。

　　本來，我只是一個普通的女生，只是想要一段穩定的感情，為什麼到後來卻會變成這樣？我很想幫自己，卻不知道從何幫起。每個我做的決定，好像都是錯的。就算換了外貌，到頭來，我始終一敗塗地……

　　我國三的時候，學校把學生分成兩種人：要留下來直升高中部的，與要出去外面考試的。由於高中直升班是這所學校的招牌，每年穩定出產數十位醫科生，所以超過九成的同學都會選擇直升。

　　成績不差的我在國三時被分到了外考班，我的內心混雜了錯愕、震驚、不相信、悲傷、憤怒與懊悔。學校也新派了一個凶狠的老師，身高一百八，體重可能破百吧，皮膚黝黑，留著八零年代的一頭亂髮，戴著復古眼鏡。

　　他叫什麼名字我已經不記得了，但是他管理班級的方式我印象深刻。他首先不斷灌輸我們一個觀念：我們是被學校拋棄的一群，我們是在競爭後被淘汰的殘渣。**如果用食物與人體的關係作為比喻，直升班的同學是被腸道吸收的營養，而我們是等待被排出的糞便。**

　　這位老師還會不斷分化我們與直升班同學的感情，要我們認清事實，不要再與之前的朋友來往，他每天提醒我們：

「你跟他們走在一起，那些同學嘴上不說，但心裡都在笑你，他們根本看不起你。」

「人要活得有尊嚴，不要自以為跟人家是朋友，你們的階級已經不同了，不要去高攀別人落人口舌。」

喔對了，他還用成績來劃分座位，名次越前面的坐越前面，成績最差的坐在垃圾桶旁邊。當時班上有個成績很差覺得自己是老大的小混混（現在回想，他也只是不愛念書或是不會考試而已），有一天不知道怎麼了，導師把他叫到前面的講台，然後對他拳打腳踢，一路從教室的前面把他打到後面，讓他跌坐在地上哭泣。

十五歲的我當時目瞪口呆，但事後混雜了一種奇異的感覺，想到處與人分享，而我在談論這件事的語氣不是恐懼是興奮，好像看完一場精彩的武打秀想跟人分享一樣。

昨天我在夢裡突然夢到了當年的同班同學，我夢到我興奮地想跟他討論老師的全武行，但他神情冷靜、不置可否地搖了搖頭表示不認同。這不是一個老師應該有的行為，我帶著興奮的語氣重述這件事，也不是個旁觀者應該

有的行為。半夢半醒的我在回憶這段我根本沒什麼印象的少年記憶時，有個很深的觸發是，**同樣十五歲，有些人對事情的理解很深入早熟，而有些人則否。我屬於後者。**

　　長大後我曾經試著看《庫洛魔法使》，第一集都還沒看完就痛苦地哀嚎看不下去，劇情不合理的吐槽點實在太多，很難想像這部作品當年是如何風靡萬千少女。

　　卅歲的你，長大了嗎？對這個世界還懷著庫洛魔法使與光之美少女般的想像嗎？認為自己有魔法，是世界的中心，大家都要愛戴你、順你的意、圍繞著你轉。你發現世界的現實與醜惡了嗎？但是表象的重要並不如你想的那樣不堪，畢竟沒事你也不會挑戰去吃一間沒有任何客人的餐廳，或是賣相極差的食物啊，不是嗎？當你整完型後，不也一樣挑人的外表嗎？

　　世界的本質是什麼模樣？端看你怎麼看它。

　　有些人早早就看穿世界的本質是競爭，所以用盡一切的努力往上爬。有些人早早就發現自己不適合競爭，於是

另闢蹊徑找到自己的主場。但憤世嫉俗的你好像還沒有認清世界與自己的關係，拚了命地想要爭些什麼，卻沒有先評量一下自己的能力。憤世嫉俗的人說穿了，就是能力不足。

如果你認為世界是個狗咬狗人咬人的殘酷現實，而且你也認為你有與人一爭的心態與實力，那請你努力成為人上人，收起你的消沉，化悲憤為力量。沮喪跟藉口都是弱者的語言，而弱者在你的想像所建構的現實世界中，本來就只有被按在地上磨擦的份。

或者，認清這個世界你所能控制的太少，你想達到的事情通常達不到，但是只要降低自己的期望，將重心放在可以控制的事情，也就是自己身上，你會發現你能活出意想不到的快樂人生。

祝好。

是我太玻璃心嗎？

 會飛

　　馬克、瑪麗，我的名字諧音是「會飛」，大家也都這麼叫我。我很喜歡聽你們的節目，謝謝你們回答我的問題，我已經開始期待信被念出來的那一刻了。

　　跟你們說哦，前陣子，我跟公司裡的渣男搞曖昧，不對，應該說，我跟公司裡的男同事搞了曖昧之後，才知道他是渣男。就叫他渣渣好了。

　　渣渣是個長得很帥的中央空調，對每個人都很好，工作能力也不錯，一言以蔽之，就是單身菁英高富帥。想當然耳，這樣的渣渣在公司裡很受歡迎。本來，我覺得渣渣很可疑，他條件那麼好，怎麼可能沒有女朋友？沒有女朋友，那就是男朋友了啊，還在心裡猜想他可能是 Gay，對他一點意思也沒有。但後來可能就是因為我表現得對他太沒興趣，反而引起了他的興趣，他開始常常若無其事地

幫我買早餐、送飲料，還約我下班一起去吃飯、順路送我回家。我一直告訴自己這沒什麼，渣渣對每個人都很好，但隨著時間過去，我漸漸把持不住，反而深陷進去；就像飛蛾撲火的腦殘，懷抱著渣渣過盡千帆，終於發現自己深愛著我的幻想，滿腦都是粉紅泡泡。直到後來才發現，渣渣只是把我當成一個征服對象而已，當我栽進去的時候，他就膩了，而故事就在我的震驚與眼淚之中措手不及地結束了。

在我跟渣渣曖昧的這段期間，好友小千一直不斷告訴我，她覺得渣渣不可靠，渣渣一定是在玩弄我。在我後來真的因渣渣而受傷之後，小千也一直陪在我身旁，跟我同仇敵愾，永遠罵渣渣罵得比我還大聲，我很感謝小千。

本來，這件事就這樣落幕了，我也慢慢釋懷了，沒想到前陣子，我竟然發現小千和渣渣單獨去吃飯，還有說有笑的。

我真的太 Shock 了，小千不是應該和我共同唾棄渣

渣嗎？他們何時變得這麼要好了？小千怎麼提都沒提過？

　　我跑去問小千，小千說她只是應付一下渣渣，要我別擔心，她絕對不會和渣渣發展出什麼。但這些話非常耳熟，根本就是從前我信誓旦旦說過的那些。姑且不論他們交往不交往，我都有被背叛的感覺。對我來說，渣渣就是一個欺負我的敵人，身為我好朋友的小千，怎麼可以站到敵人那邊去呢？

　　我又想，我們都不是小孩子了，難道還要玩什麼「不准跟他玩」的小團體遊戲嗎？這也太玻璃心了吧？

　　馬克、瑪麗，可不可以請你們提供我一點建議，告訴我要怎麼放寬心？

「要怎麼放寬心？」

「要怎麼離開不對的人事物？」

「要怎麼戒除壞習慣？」

「要如何轉念？」

「要如何快樂？」

「要怎麼停止焦慮？」

「要怎麼樣才不會緊張？」

「如何拒絕別人？」

「如何與人建立有意義的關係？」

「如何改善拖延？」

我發現上述所有的事情，本質都是相同的。那個原因叫**「情緒」**。

我也許沒有焦慮緊張、拒絕別人、建立關係的問題，但我是拖延界的 master，為了自救，這一路上尋找與嘗試了許多方法，既然所有的情緒問題內在都是相通的，那請讓我分享最近我正在實驗的做法：「情緒遊戲化」。

首先，記錄跟書寫是一切的基礎。由於情緒實在是太捉摸不定了，而且會突然在不經意的時刻竄出來襲擊我們，對我們的生活和決定造成影響，如果沒有好好把它們記錄下來，我們就沒辦法擬定如何應對它們的計畫。所以第一步就是在**當你感受到情緒的時候，把情緒記錄下來**，把意識到這個情緒前所發生的事情與對話記錄下來，把現在你的感覺和想要怎麼做也記錄下來。現在有很多記錄情緒的 APP，你可以試著使用，找找有沒有合意的（我是沒有找到啦），或者自己開發表格、用 Notion 或是紙筆記下來都可以，建立起自己的情緒觸發資料庫，有了數據資料之後，一切都會簡單許多。

接下來，可以把我們的情緒設計成一款遊戲。以第三人稱戀愛養成遊戲為例，你是玩家，而小千與渣渣則是遊戲中的主角，你在玩的這款叫做「小千的戀愛養成遊戲」，身為一個玩家，你負責每天記錄她、觀察她、預測各種劇情走向，並把這些觀察與想法做成遊戲日誌。有點像國小自然課養豆芽菜的實驗日誌：今天光照多少、澆水量多少，長高幾公分。好好記錄小千與渣渣的互動過程。

既然你覺得渣渣是個渣渣，小千也跟你一起罵過他，也許她在罵人的過程中對渣渣罵出了感情，也許她本來就很羨慕你跟渣渣的一段情，現在你的遊戲主角要往渣渣那邊靠近了，你可以選擇為她加油打氣，對她多一點提醒與關心，如果用愛無法感化她，你也不要試圖從中阻攔或是生氣。那只會顯得你小鼻子小眼睛；**真正的愛是相信，相信你的遊戲主角會做出最好的決定。** 如果她要義無反顧地奔向渣渣，就像當時的你，你也應該是最有同理心的一位。過來人知道那股心底的慾望是擋不住的，如果會受傷，就讓你的朋友受傷吧。這樣，你就有機會可以回報她當時陪你大罵渣渣，在你身旁安慰你的恩情了。你們的友誼也會因為真正的感同身受而更交心。

但是如果，劇情的走向是小千收服了渣渣，你以後就別叫她小千了，叫她小智吧，她是天生的神奇寶貝訓練大師，竟然可以收服渣渣。無須把自己放上比較的天秤，想著「為什麼小千可以我不行！」「小千哪裡比我好？」，你知道跟一個多情種在一起，未來有多少事需要磨合嗎？

想想她們會發生多少爭吵,女生心裡會有多少的不安全感,你想要當那個女生嗎?你想當那個不被重視的地下情人、另一半到處約砲、花名在外風流倜儻的人的女友嗎?

你要知道你的朋友小千,不、小智她是個捨己為人的活菩薩,她跳入地獄跟渣渣在一起,拯救了萬千少女遇到渣渣的可能性;當然,如果渣渣等級很高,他還是可以玩弄不少人的心。但是小智已經用上她黃金的青春歲月,努力地拖住了渣渣的行動,只要小智多纏住渣渣的每一分鐘,就少一位受害者的可能。就像在球賽中面對擁有無解進攻能力的對手,我們能做的,只有盡可能地不讓他拿到球,盡量地拖延與阻擋,或是用自己的生命賠上犯規。

身為旁觀者,我希望那個上場做犧牲的人不是你。

試著好好玩這場真人版的養成遊戲吧,幫助你的遊戲主角記錄她的人生,提出事實協助她做出判斷,讓她知道如果她因為跟渣渣走得近而受傷,跟當初的你一樣,你也會在她的旁邊陪著她;而如果他們是天造地設的一對,沒

有磨合，感情超好，那也祝福你的朋友找到了真愛，你的養成遊戲玩得很成功！不管怎樣你要記得，從今以後，凡是跟渣渣有關的一切，都不關你的事了，你試過了，並不成功，你得到了教訓，好好放下並 move on，才對得起這段日子流過的眼淚。

data

裎

LOVE

戀愛 ing，為何總是搞不懂你

想要想要我快要受不了

 茱麗葉

　　馬克、瑪麗，我是老點友了，但這是我第一次寫信，想跟你們分享一件有點難為情的事情。

　　小學的時候，我們家只有一台電腦，在我哥房裡。那因為我哥大我好幾歲，我小學的時候，他已經高中了。往往我已經放學回家的時候，他還在學校，所以我媽就會用我哥房間的電腦，播放一些卡通 DVD 給我看。有時候是迪士尼電影，有時候是巧虎，總之就是這些小朋友愛看的東西。大多時候，我媽會陪我一起，但有時候她忙，也會讓我自己進房間先看。

　　有次媽媽在忙，我就自己拿光碟進去哥哥房間了。沒想到光碟機一打開，卻發現裡面已經有張光碟，我不知道那是什麼，還以為是別的卡通，就糊里糊塗地播放了。

　　結果，畫面上出現了幾個裸男、裸女，身體交疊，抖動個不停，神情很微妙，不知道到底是開心還是難過，

好像很享受，又好像很痛苦。嘴裡還不斷發出很奇怪的聲音，把我嚇壞了。我很害怕，又很好奇，就這樣看了幾分鐘，直到我媽進房間，大驚失色地把影片關掉。

我媽沒有和我解釋，所以我當下根本不知道發生了什麼，也不知道我哥後來有沒有被罵，但在腦海裡留下了很深刻的印象，長大後，才明白原來那就是傳說中的 A 片。

大概就是因為這樣吧，長大後，我對性充滿好奇，很想知道做愛到底有沒有像影片裡演得那麼舒服。除了 A 片，我也會找 TL 漫或是限制級小說來看，越看口味越重，也越來越想嘗試，自慰、玩具已經滿足不了我了。

於是，有了第一個男朋友之後，我們很快就做了。當然，我還是有矜持一下啦。第一次有點痛，但熬過去之後，取而代之的就是難以言喻的興奮感與滿足感。終於知道做愛、被填滿是什麼感受，讓我覺得好棒啊，簡直像推開新世界的大門。

有過第一次經驗之後，我和男友只要見面都會做愛。

我們試過各式各樣的姿勢，在各式各樣不同的場合，就連捷運站、會議室、樓梯間、公園等等，越刺激的，我們越想挑戰；也玩過各種角色扮演，用過各種道具。也曾在上班時，傳一些尺度很大的情色照片給對方，然後再趁午休衝去 Motel 開房。後來，我就發現，我真的太喜歡做愛了。看到某個體格不錯的路人，或是某張比較刺激的照片，都會點燃我的性欲，無時無刻都想要。

就這樣，陸陸續續換過幾個男友，我對性的需求及熱情有增無減，有時也會覺得滿困擾的。因為，只要男友性致比較低，或是對比較激烈的性愛沒興趣，就沒辦法滿足我，而我又不敢表現得太明顯，怕嚇到對方。

還有，女生很煩，不像男生會互相交流 A 片啊、討論女優啊，性就是比較禁忌的話題，找不到人聊，讓我覺得很鬱悶。

有時候我會想，我這樣算是性成癮嗎？想和各種不同的男人做，想一直做，是不對的嗎？我……難道需要接受治療嗎？

　　以前在看 PTT Sex 板和 Marriage 板的時候，有個一直困擾我的問題，也是我想創業的題目——如何將適切的人配在一起。

　　在這兩個板上總是可以看到「老婆不給碰」、「先生不碰我」的文章。每次我看到下面哭天喊地的推文，都不禁想著是不是可以讓這些三五年沒開機，或是一年只能被寵幸一次的先生太太們彼此交流一下，這樣大家的性生活都會美滿許多？

　　像我現在看到你的來信，就很想把你介紹給 file016 的男友——他想嘗試多人運動，你也想和各種不同的男人做，你們在性事上應該可以聯手征戰各地，留下許多動人的回憶。

　　好啦，我知道我的想法異想天開，人家抱怨想開機，大多也只是想跟自己心愛的人床戰，又不是隨隨便便的人都可以；把對性事需求高與想多方嘗試的人湊做堆，也沒辦法掩蓋**成功的伴侶關係除了性以外，價值觀與金錢觀也要合拍才行。**

有個網路笑話說**男人是最專一的生物**（是的，這邊就可以笑了），廿歲的時候喜歡 20 歲的女生，卅歲的時候喜歡 20 歲的女生，五十歲的時候還是喜歡 20 歲的女生，七老八十喜歡的，依舊是 20 歲的女生。

　　這個式子是可以**翻轉**的。儘管在父權社會下，權力似乎被男性把持著，但不管在何種社會與時空背景中，**性是女人的權力，從古至今，一直都是。**

　　女人們不要忽視自己身上掌握的權力密碼，異性戀男性在性這件事情上，永遠只能是渴求者的角色。不管他是用權力威逼、暴力脅迫、金錢收買、當工具人用小狗眼苦苦哀求，最終都要通過你願意為他打開雙腿，才能獲得滿足。而你要不要接納他，要不要可憐他，要不要給予他，這份權力始終握在你的手裡。你要知道你是個強大的人，你不應該被外界任何事物所動搖，你是你自己的主人，你決定你的權力分配。

男人為了性，會努力追求身分地位財富名聲，這些驅動男性前進的動力，是為了得到你們的同意。所以了解性權力的女人是強大的，因為最原始的權力掌握在你的手中，其他物質世界的一切，也只是為你服務而已。

當你認清與理解這一點後，你更會知道七老八十還是喜歡 20 歲女生的男性——這個笑話的可笑之處：他們在身體上已經沒有能力滿足他們喜歡的對象，但女人不一樣，當你越了解自己的身體，你所能獲得的歡愉是隨著年歲同步漸增的。

男性喜歡嫩妹的確是個笑話，因為**真正適配的，是覺醒的女性配小鮮肉啊！**

想想看這樣的情景：女人選擇伴侶不再以自己年齡相當，而是不管到了幾歲，都喜歡 20 歲年輕力壯、耐操有凍頭的小夥子。（而且這個年紀的男生，整天滿腦子都是性，絕不會抱怨「今天很累」、「工作壓力大」、覺得做愛是在「交功課」這類的閃躲）。男女都可以得到身體上

的滿足，而且這樣男人就不用再為了性去追求成功價值，只要把身體和外在顧好就好，我們是不是會進入一個更美好、人盡其才的大同社會？

人生夢想就是當小白臉吃軟飯的我，這輩子投胎投錯了伺服器，下輩子要找個母系社會的伺服器投胎，然後在廿歲的時候精盡人亡、含笑九泉。

報復性約砲

 阿怪

　　這是一封告解信。馬克、瑪麗,希望你們能說幾句話,罵罵我或是勸勸我。因為,我開始討厭自己了⋯⋯

　　事情是從去年暑假開始的,那時,我和男友交往剛滿兩週年。兩週年那天,我們送對方禮物、吃大餐、約會⋯⋯和熱戀期沒兩樣,害我以為我們會一直甜蜜下去,沒想到,他卻突然變了。

　　先是約他都約不出來,不是說懶,就是說想打電動,要不就是家裡有事,問他什麼事,他總答不上來。

　　好,不給約,那聊天總行了吧?但無論我怎麼找話題,他不是回「喔」就是「嗯」,好像對我講的話都沒興趣,也沒有任何事想跟我講。

　　我試著跟他撒嬌,連穿戰鬥服拍照給他的招數都使出來了,他還是不為所動。我覺得自己有點像智障,幹麼熱臉貼冷屁股,好幾次都想乾脆分手算了。但心裡真的很捨

不得，畢竟我們有過很多幸福時光，哪能說放棄就放棄？

　　過了半個月，他傳訊息告訴我，他對我已經沒有感覺了，叫我不要再跟他聯絡。我以為自己眼花，反覆確認訊息好幾遍，還以為他在開玩笑。直到回傳給他的訊息不讀不回，電話也打不通，我才知道，他是認真的，而我，大概已經被封鎖了吧……

　　我受到很大的打擊，不敢相信他竟然會這樣對我，每天都哭得很慘。好不容易，過了兩個月，等我稍微平復了些，他卻突然出現了！他就像個沒事人，主動打電話給我，關心我的近況，還找我去吃飯看電影。

　　我真的太錯愕了，沒能及時反應，還是跟他出去了。出去的時候，他牽我的手，親我抱我，如同以往。他說，他只是想靜一靜，不是想分手，經過這段時間，他非常確定自己是愛我的，他不能沒有我……然後，我一時鬼迷心竅，就答應跟他復合了。

　　回家後，我理智上線了，越想越生氣，覺得這算什麼

啊？難道他是找了個備胎，結果備胎那邊吹了，只好回頭找我嗎？不管是不是，他怎麼可以這樣對我呢？招之即來、揮之即去，他以為我是寵物，愛怎樣就怎樣？

接著，我就失控了。我想以牙還牙，想給他好看，想讓他也嚐嚐痛苦的滋味。所以，我就一邊跟他在一起，一邊找砲友，還常常對他愛理不理，故意放他鴿子……

老實講，剛開始還滿爽快的，有種報復的快感。但後來，尤其當我發現，他好像也沒有多大的反應時，我突然間不知道自己在幹麼了。

我是想證明自己很好，還有別的男人要我，沒有他也行？還是想證明自己已經不愛他了，也能對他招之即來、揮之即去？如果是這樣，那我為什麼還會想報復他呢？

到底，我這麼做是想懲罰誰？為什麼我會這麼不快樂、這麼討厭自己？事情發展成現在這樣，我已經不知道該怎麼收拾了……馬克、瑪麗，救我。

爽的副作用

當身體不舒服的時候，我們會去吃藥。吃藥會有副作用，大家都知道，但為什麼明知有副作用卻還是去吃呢？因為利大於弊，因為想要身體快點好起來，所以副作用就忍忍吧；另一個可能的原因是僥倖：「我知道別人有出現副作用，但也許不會發生在我身上吧……」

為了驅逐一件壞事，我們兩害相權取其輕，承擔另一件比較小的壞事的風險。

吃藥的例子是這樣，但下面的例子就不太一樣了。

當我們為了追求一件好事（爽感）而去承擔風險的時候，我們需要好好想一想，這風險值得嗎？

不戴套是一種爽，這樣的爽來自體感上的舒服與交歡過程不會被中斷，但要承擔的風險是中標。中標可能是得了性病，可能是懷孕；染上性病需要長期治療，懷孕的不適與身體被迫被改造，甚至，你必須下決定將一個生命處理掉。

為了短時間的歡愉，
你付出的是一輩子的代價。

報復是一種爽，這樣的爽來自心裡想像對方中招的嘴臉。計劃報復的過程可能有趣，但是你為了執行計畫所承擔的風險，遠大於你所給出的傷害。大概像你用了大絕，卻只換到別人的一個閃現，對方還是滿血，可是你已經傷痕累累。

　　用自己的身體去執行報復的計畫，
　　是犯傻。

　　與陌生人約在家裡抱抱睡，因為怕上旅館尷尬，這也是一種爽，雖然這樣很方便，但你暴露了你的住址，你不知道這個陌生人可能會對你的人身和人生造成多大的傷害；他可能對你施暴，他可能每天在你家樓下站崗，一旦遇上一個恐怖情人，你在劫難逃。

　　不要為了爽去承擔不必要的風險，也不要輕易地給出你的信任，你的信任是珍貴的。

愛就該坦白嗎？

 QQ羊

　　馬克、瑪麗，如果你們覺得這封信……看起來有點……ㄎㄧㄤ，那是因為我真的喝了滿多酒。如果不借酒壯膽，我就沒辦法說出口了。

　　在說這件事之前，我必須先介紹一下我的家庭，我家在鄰里間是個有頭有臉的家族。雖然不是富可敵國，但整個里有超過一半的土地和店面都是我們家族的。前後幾條街，住的全是同姓的宗親，從堂哥堂姊叔叔嬸嬸伯父伯母，到阿公的表弟、曾祖父的姑姑……反正大街小巷都是熟面孔，只要一出門，就得從街頭問候到巷尾。

　　在這樣的環境裡，只要一有風吹草動，很快就會人盡皆知，誰考試考壞了，誰當選了模範生等等，都是親戚們茶餘飯後的談資。

我家樓下就是大伯和大伯母的家，是一間宮廟，常常會有人來拜拜、問事。我爸媽也會常常叫我們下樓去燒香，或是拿我們的衣服去蓋章、收驚。總之因為就在樓上、樓下，我們兩家很親近，有時候放學，我和姊姊都會先到大伯家玩、寫功課、看電視。廟裡總是有吃不完的零食、喝不完的汽水，是小孩的天堂。

國小的時候，我的胸部開始發育，但不是很明顯，還沒開始穿內衣。有一次，大伯說要幫我過運，把我拉到旁邊的小房間。剛開始，大伯只是拿著香在我身上比畫，沒有碰到我的身體，所以我也不以為意，沒想到漸漸地，他把手放到我的背、肩膀，還揉我的胸跟屁股，連呼吸聲都變得很大聲，整個人一抖一抖的。

當時年紀小，我不知道他在做什麼，也不敢仔細看，只覺得很害怕，不敢出聲。可能就是因為我這麼膽小，看我當下沒反抗，之後也沒有告訴別人，大伯膽子越來越大，把我拉進小房間的次數越來越頻繁，從壓著我的頭逼我口交、手指插入陰道，到最後，變成真正的性交……那

一年，我才十二歲。

　　我不是沒試過向比較信賴的大人求救，但大人總是叫我不要亂說話，說這是為了我好，不斷稱讚大伯多了不起。後來，大伯甚至還當選里幹事，在鄰里間很受敬重。

　　長大後，我終於明白了大伯對我做的那些行為是什麼，我真的很恨他，尤其看他那副道貌岸然、受人尊敬的樣子，真的讓我好想吐，好想告訴大家，他是一個這麼不要臉的人。但是我很恐懼，不管別人相信或不相信，對我來說都很難堪……

　　「你為什麼不反抗？」「一定是你穿太少。」「是不是你勾引人家啊？難道你沒爽到？」「告死他啊！」

　　每次只要發生類似的社會案件，每個人都講得很簡單，好像都是受害者的錯。我怎麼敢告訴別人？我好害怕說明當下的狀況，更害怕要一再解釋為什麼我如此軟弱。

　　後來，我藉著北上求學，離開了家鄉，但是，我內心的風暴卻始終沒有結束。我試著救自己，看身心科，參加

心靈支持團體⋯⋯我以為自己已經好了，然而，自從我交了男朋友，另一場惡夢又開始了——只要男友想要有進一步的親密接觸，我總有說不清的牴觸。

　　我真的很愛男友，但只要他碰我，就會勾起我痛苦的回憶。我沒有告訴過男友這件事，他還以為我是因為沒有經驗，所以才遲遲不敢跨出那一步。但是，我明白他因此感到很挫折，可能也開始意識到不對勁。

　　我很擔心要是繼續這樣下去，他會因為受不了無性關係而離開我；但也怕坦白告訴他之後，他會因為無法承擔我的過去而離開我。無論我怎麼想，都覺得心一橫、眼一閉，跟他上床是最好的辦法，但是⋯⋯這樣的我，和當年那個不敢反抗大伯的小女孩有什麼不一樣？

　　馬克、瑪麗，我好絕望，我應該要坦白？還是隱瞞？馬克，如果是你，能接受女友或老婆有這樣的過去嗎？

我最近找了人生教練，他告訴我，教練的精華是——
所有的答案都在你身上，
只要全然地相信、專注地傾聽。

在寫這篇文的時候我才剛看完《孟買女帝》。
被最愛的人背叛，
懷著夢想要到大城市當電影明星，
偷了家人的珠寶首飾跟愛人離鄉背井，
結果卻被賣入娼寮中，
毒打捱餓，最後受不了，臣服開始接客。
有的找到縫隙逃了出去，
回到家鄉卻被家人吊死，
因為家人認為她們讓家族蒙羞。

印度到現在還是有這種神祕的地方與習俗，
被強暴後是受害的婦女被打死。

明明是施加這種犯行的人才該死，

卻有人會因為覺得被強暴者「被玷污了」、「不潔」而處死她。

　　你是不是也像那些人一樣，
　　在心裡一次又一次地殺死自己呢？

　　過去形塑了現在的我們，
　　但重要的永遠是當下。
　　從當下回頭望，沒有時光機，
　　我們不能改變過去任何事情。
　　發生的就是已經發生了，**it is what it is**。
　　我們能改變的只有看待這件事的眼光，
　　以及尋求幫助讓自己好過一點。

　　你要先坦然面對你自己，你也才有能力去坦然地面對這個世界。
　　要不要對另一半訴說自己的過去是你的選擇，
　　但為了留下對方而讓自己痛心又害怕的忍耐，

這是愛嗎?

真正的愛裡面沒有委屈、沒有祕密、沒有羞恥;

真正的愛是純然的接納、臣服、像沐浴在暖陽下的舒服,而不是在陰暗的角落蜷縮躲藏。

別人接不接受你的過去是別人的課題,
你接不接受過去的自己,是你的課題。

所有問題的答案都在你的心底,

祝福你重新建立起跟 12 歲的自己對話。

協助她釋放掉恐懼,介紹她認識現在的你,

已經長大、已經有能力分辨是非、能保護自己也能保護她的你。

只有當你能接納與愛自己,

你的生命才會由內而外的綻放。

他人的支持,只是花架,

也許可以幫你勉強撐著站立不倒;

一朵枯萎的花，就算外頭有再多花架、再頂級的花架，也沒辦法幫助你。

　　如果你想活出生命的豐富，像你的本質，一朵美麗的花朵般盛開，那股力量，一直在你的心裡，喚醒她。

練習對話 Iceberg

 柚子

　　馬克、瑪麗，有件事在我心裡憋很久了，請你們當我的樹洞，讓我大吼大叫。那就是……男友和他女友都是王八蛋！混帳！可惡！

　　事情是這樣的，男友和他女友是高中同學，直到已經出社會多年後的現在，還是很好的朋友。他們其實是一群兩男兩女的四人組合，各自有男女朋友，在 Line 上有個聊天群組，放假偶爾會出去玩，這些事情，在和男友交往前，我就已經知道了。

　　既然交往前就都知道了，為什麼現在還要來找樹洞怒吼呢？

　　因為，交往前，不是都會經過一段拚命聊天的曖昧時期嗎？那時候，男友曾經和我說過，他的女友即使交了新男友，還是戴著他送的手鍊，所以他很開心。

當時我一聽，眉頭一皺，直覺事情不單純。都分手了，送對方手鍊幹麼？而且居然還會因為對方戴著而高興？這分明有鬼啊！鬼都知道，這就是一個餘情未了的節奏啊，如果不是還喜歡對方，開心個屁啊?!

所以呢，那時候，我就問他還喜歡對方嗎？有沒有打算和對方復合？他都說沒有、不可能，要復合的話早就復合了，只是普通朋友等等。

既然他這麼說，我就這麼信了，後來，過沒多久，我們就開始交往了。BUT！交往後，我就發現我太高估我自己了！

每次，只要男友說要和高中同學出去，我就會覺得心裡好像有根刺，扎扎的，有點不舒服。但是，我又很討厭自己的不舒服，感覺自己很小心眼，所以不敢表達出任何不高興。

男友聚會結束後，我也只敢旁敲側擊，問問他們聊了什麼、誰的動態如何、他女友有沒有新戀情之類的。但是，即便聽到他女友有新男友，每次，我看見男友和他女

友在社群軟體上互動、噓寒問暖、聊天吐槽，還是會覺得心裡很悶。

　　我曾經試過跟男友說這件事，也告訴過他，他們一群人要出去聚會聊天玩耍都沒關係，但可不可以不要和前女友單獨出去。但他就是覺得我想太多、太敏感、很無聊，老是愛胡思亂想，還說誰沒有一兩個異性朋友，要在一起早就在一起，一副我在無理取鬧的樣子。

　　我一方面怕惹他不高興，不敢再繼續提，另一方面也覺得好像自己太小題大作……可是，心裡又有個微小的聲音告訴我：如果男友三番兩次都不重視我的感受，那我為什麼還要重視他呢？為什麼我要強迫自己「過得去」？我明明就過不去啊！

　　而且，前陣子，男友的電腦忘了關，我才發現，原來他竟然是他女友工作室的粉絲專頁管理員……搞了半天，他們不只是同學，有私交，甚至還有公事上的往來，熟到可以幫對方管理工作室、回答顧客問題了？

我猜，他一定是怕我胡思亂想，或是覺得不需要特別說，所以才沒有告訴我。

　　但是，我真的覺得自己受夠了！難道和前女友單獨出去、幫忙管理粉絲頁是正常的嗎？維繫與前女友的友情，難道比我的感受更重要嗎？只因為他們認識得比較久，所以我就只好自認倒楣？

對話練習～

關於你男友是不是還愛著他女友這件事，你知、我知、所有看完這則故事的讀者都知。我們所有人，都比你男友還要認識他自己。（這句話聽起來很像在反諷，但是我沒有反諷的意味，我是真的這麼覺得。）

這個案件是如此地清楚，但是過程卻又疑點重重：

1、為什麼當初在曖昧期的時候，李組長明明已經眉頭一皺，覺得事情不單純，卻還是義無反顧地跳進這個坑呢？

2、為什麼你明明有疑慮，詢問了他後，他說不可能，然後你就信了呢？

3、為什麼你明明心裡不舒服，卻還是要讓男友跟他前女友出去呢？

4、為什麼你會討厭自己的不舒服，覺得是自己小心眼呢？

5、為什麼你要強壓下自己的感覺呢？

6、為什麼你不再像曖昧期的時候，提出直球對決的問題，變成只敢旁敲側擊呢？

7、也是你自己問自己的問題：為什麼明明過不去，卻要強迫自己過得去呢？

問完七個問題，雖然我不是你，但是我幫你擬答了一下；（請下柯南音樂）所有問題的答案只有兩個：**因為喜歡，跟害怕破壞關係**。而為什麼要害怕破壞關係，是因為你覺得你需要他，你不想失去他，你未來還會繼續跟他相處，所以不能把關係搞僵。追根究柢，背後的原因就是喜歡跟放不下。

在《像火箭科學家一樣思考：9大策略，翻轉你的事業與人生》書中有一句話是這樣寫的：「**當你發現自己為了繼續保留某樣東西，而不斷在為它找理由的時候，那麼你該當心了，代表著你正在說服自己去做某件事。**」

遇到不當對待後，卻還幫對方找理由說：「他以前不會這樣。」「他最近心情不好。」「他已經帶我見過他的

家人父母了。」欸欸欸等等，這些理由與發生的事實根本沒有合理的因果關係啊；以前不會這樣，但現在就是這樣了嘛。最近心情不好壓力大，難道就可以口出惡言、不理不睬、拳腳相向？那未來是怎樣，我得每天好好服侍他，確保他老爺公主時時刻刻都開開心心，不然小李子我就得提心吊膽，隨時可能被鞭數十，驅之別院。這種伴君如伴虎的生活你想要？最後我最想吐槽的，就是「他有帶我見過家人了」。有見過家人又怎樣？家人可能是臨演是共犯，是永遠站在他那邊為他說話，是他永遠的避風港，如果出事，一切都是你的錯，我們兒子女兒很乖的，他才不會這樣 ☺

　　還有你知道嗎？帶對象見家人，是心態控制的招式之一；你可能覺得見家人是關係中很重要的一步，但對我來說，那只是像小學的時候放學順道帶同學來家裡玩那樣的稀鬆平常。我隨隨便便的一個舉動，就可以換得你戰戰兢兢地認真對待，很賺啊，不管怎樣我走這步棋完全是利大於弊。有些 PUA[2] 常會在認識初期，就帶你見朋友爸媽，

目的也只是為了讓關係快速升溫，好讓他可以更快速地推進而已。

看穿自己為了開始這段關係和留住這段關係做了多少不合理的退讓和忍耐，這些被壓抑的情緒不是不爆，只是時候未到。如果你還是覺得想為這段關係努力，你可以試著學習薩提爾的對話練習，不要問「為什麼」，而是懷著開放的好奇心，詢問「怎麼了」。

我們的心智很奇怪，看到「為什麼」就會想要找原因找理由，但是原因理由沒那麼好找，常常我們找到的也只是用來安慰自己的假理由。我們的腦子非常亂，理由也全都糾結成一團，正面的反面的，好像怎麼說都通，我們就被困在自己的內在世界中出不來。

2　PUA 為英文 Pick-up Artist 的縮寫，直譯是「搭訕藝術家」，中文又稱作「把妹達人」。他們藉由研究人類心理，發展出言語與肢體的操控行為，目的是讓對象陷入並且被吸引，然後對他們言聽計從。

問為什麼還有一個問題：我們不喜歡回答不出來，我們不喜歡被考倒，我們不喜歡受到質疑。所以當我問你為什麼的時候，你會不自覺地升起防衛心態，給出尖銳帶刺的回應。

例如前面寫的七大問，我根本不是真的要問問題，那些問題只是要鋪陳我的答案而已，如果你用這種咄咄逼人的方式在經營關係，肯定是吵架吵不完，冷暴力凍到底。

你一定也預見了這樣的情景，所以才選擇了壓抑，只是這樣的壓抑會在某天某個事件被觸發，然後舊帳如滾滾洪水般潰堤，最終還是不可避免地傷害了彼此的關係，而且是一刀深的。

當我們表面上用很成熟的成人角色來進行溝通（其實只是避而不談），但心裡面那個失落的小孩並沒有被好好的安撫時，失落小孩的不滿就悄悄地累積著。

你為了避免衝突而維持假象的和平，就像個壓力鍋一樣，表面看起來沒事，內部波濤洶湧，等到了臨界值之

後，BOOM，就會爆炸。

「我常常覺得，人類痛苦的一個源頭，是自己對自己的謊言。但這個謊言大多不是故意的，是為了生存而發展，在過往的負面經驗中，由我們的心智創造出來。人類的思維、感官在一個慣性裡運作，很難真實接觸『自己』，冰山的探索正是幫助自己與他人，覺知與重新接觸自己，並且重新為自己做決定，為自己負起責任，而不是當一個受害者，成為一個自由的人。」

——《薩提爾的對話練習》作者李崇建

學習覺察自己的情緒，理解自己，並且用深入平和的方式表達出來，與人互動。我們溝通不是為了抗議，不是為了保護自己，所以用攻擊、不理睬的方式，試圖控制對方，或用受害者的角度去表達自己的受傷和悲苦（情緒勒索）。這種以生氣、害怕、逃避或暴怒的態度，或是說教、指責的方式，是我們習以為常的「溝通」，不過常常非但沒有解決問題，結果是兩敗俱傷，奇妙的是我們為什

麼怎麼會仍然慣性地重複這樣的互動呢？

不要滿足於當下浮出的答案，懷著好奇心繼續探索，速解通常不是最佳解，當你覺得「啊我找到答案了」、「啊就是這樣」的時候，其實也是你認知閉合的時候，而一旦認知閉合了，你也失去成長的空間了，讓我們共勉之。

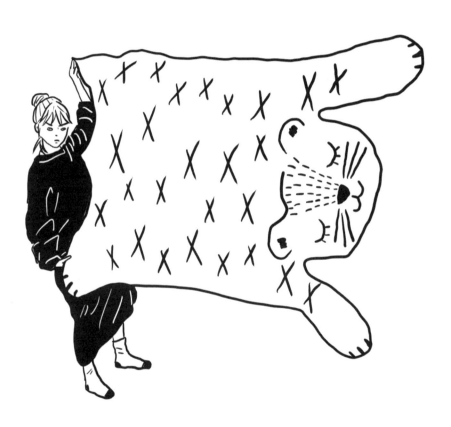

男友對我沒性趣

 外包妻

　　馬克、瑪麗你們好。最近有部很火紅的日劇，內容是由好幾個妻子外遇出軌的故事所組成的。其中有個（性愛）外包妻，她很想生小孩，但每次跟丈夫求歡，都被拒絕，後來她忍不住出軌，和前男友做了。

　　你們知道嗎？看到她這集的時候，我覺得簡直就是我的故事。雖然我和男友還沒結婚，但我們交往了四年多，卻已經超過三年沒有性行為了。

　　先來說說我和男友是怎麼認識的吧！我們原本是網友，遠距離戀愛。戀愛的時候，我們聊天的尺度很大，對對方的性癖好瞭若指掌，一邊拿著手機，一邊幻想跟對方做的情形也在所多有。交往後不久，我們開始同居，性感睡衣、情趣玩具、SM 綑綁、角色扮演……各式各樣的 Play，都嘗試過。

本來一切都很和諧、很激情，可是到後來，不知道是不是失去新鮮感的關係，次數漸漸減少……到最後，就沒有了。

我主動要求過幾次，但男友都說覺得沒有適合的氣氛，甚至還說，他覺得自己打手槍很快，既方便又省時。跟我做的話，要培養氣氛、要愛撫、要戴套、要洗澡、要聊天……隨隨便便就要花上一小時，都不如自己來得快。而且自己來的話，還可以握（？）很緊，自己控制速度。總之，他推給「懶」。

「他不是不想幹，只是不想幹你。」只要在網路上搜尋類似的經驗，通常都會看到這樣的回覆。

我很認真檢討過，他說自己可以握很緊，就是代表我太鬆吧？但我在網路上爬過一些文章，都說並不是這樣。總之，我買了聰明球（就是陰道鍛鍊球）來使用，也曾想過，是否該去做陰道雷射之類的手術？

我問過男友，他都說我想太多，我現在這樣很好，不

需要去做那些有的沒的。但為什麼我很好，他卻不想碰我呢？

到底要怎麼重燃男友對我的性致？我真的很苦惱，也很挫折。交往的這幾年，我的身材沒有走樣，臉蛋也維持得還不錯；走在路上，都還會有人來跟我搭訕。

我知道，你們可能會問，男友會不會出軌了？因為都把精力用在別的女人身上了，所以回家不想跟我做？

關於這一點，雖然我並沒有二十四小時都跟他在一起，但我有百分之九十的把握，應該是沒有啦。而且除了沒有性生活這點之外，男友真的對我很好，很體貼也很浪漫。只要我有一點點不舒服，甚至會因此請假趕回家來照顧我，平常也會做家事什麼的，真的是個很理想的伴侶。

前陣子，他和我提到結婚的事情，對於他有把我放在未來人生藍圖這件事，我既高興，又有點憂愁，心情非常複雜。

但是，照現在的情況下去，如果真的結婚了，接下來

我就要面對幾十年的無性生活了，我真的有辦法忍耐嗎？我會不會像影集裡那個外包妻一樣，有天終於受不了，因此出軌？

假若不繼續下去，難道要為了這件事分手嗎？但他的個性真的很好，跟我很合啊！更何況我真的很愛他。

很多人都告訴我，很多夫妻到後來都是無性啦，能一起過日子最重要。真的是這樣嗎？我真的不知道，到底是跟他為了性而分手會比較後悔？還是不分手會比較後悔？

我好希望他能變回以前那個對我感興趣的男人……

馬克教主神開釋

各位看官，您跟我想的是一樣的事情嗎？

我回覆此文的時間正值美國的 Pride Month（多元性別與性取向驕傲月），腦子被精蟲控制的生物竟然會不碰人有以下幾種可能：

一、你的身體無法激起他的性慾。可能他覺得膩，可能他天生不被女體所吸引。要如何讓已經感到厭煩的人重新喜歡上一個人，很難，要如何讓覺得女體噁心的人愛上女體，幾乎不可能。

二、性的陰影。可能他童年發生了某些事情讓他對陰道產生恐懼，可能他在成長的過程中被灌輸性是一件骯髒與羞恥的事，可能他對自己的尺寸與能力沒有信心，可能他認為性帶來的是痛苦而不是歡愉。

三、環境變動與日常壓力讓他喘不過氣，他已經**無心經營關於生存以外的事情**，維持表象正常的存活已經耗掉

他大部分的心力，除此之外他都無暇顧及，自慰射精只是為了速速排解避免夢遺。

四、他的心中有別人了，不想跟你發生關係。

五、**對乳膠過敏**，戴套讓他覺得難受，不戴又害怕弄出人命。戴了身體不舒服，不戴心理壓力巨大，乾脆不做，什麼事都沒有。

六、你在床事上的某一點讓他非常熄火，可能是聲音，可能是口氣，可能是體味，可能是皮膚的觸感，可能是某根特別顯眼的毛。

七、他有某個說不出口的神祕性癖好，只有那樣才能讓他舒服，但是他害怕如果坦承會被你認為是變態，不只關係告吹，還可能身敗名裂，所以只好隱藏，乾脆繞過這件事。

八、他就是性慾低落，他是**特有種**，他不喜歡**身體接觸**。

將個人的經歷拿出來問別人通常沒辦法解決問題，你只會得到更多的可能性與疑問，**一個人的事靠自己解決，兩個人的事要靠兩個人好好敞開溝通理解彼此**，先不要指責對方都不夠敞開，如果要看到有建設性的改變，請先從自己開始做起。當你做到了溫柔、包容、理解、敞開，但對方卻依然故我，那就是你們的緣分已盡。**在那之前，請努力成為一個可以對話的對象吧。**

分享自己的感覺，說出自己的期待，跟對方一起調整對關係的想像，每兩三天撥個一小段時間深聊，讓彼此有機會互相理解。問題解決的進程是一點一點的，不要想著一定要達成什麼協議，要求對方做出什麼保證。創造舒服的談話時間與空間，當你感到彼此交心的剎那，會有一種碰觸到對方心靈深處，突然紅了眼眶的感動感覺。

祝福你，得到你想要的。

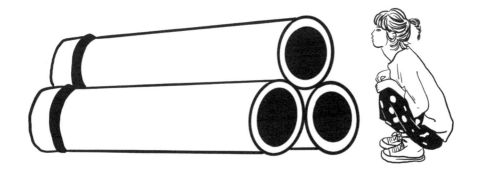

我全都要

 塵埃

馬克、瑪麗，我有個青梅竹馬和我從小住在同個社區，我們同年，從國小到高中都同校。因為住得近又同校，我們從小玩到大，兩家人都認識，長大後，也時常有鄰居會調侃我們，將我們送作堆。就連管理員看到他騎車載別的女生，都會曖昧曖昧地跑來告訴我。

後來上了大學，可能因為在外地吧，或是大學忙著開始建立自己的新生活圈，我們就沒什麼聯絡了。直到畢業好幾年後，有天滑交友軟體滑到他，我們又重新搭上了線，許久不見後的第一次見面，我們約在公園散步，之後又約了幾次散步，我們的相處很快地就變成像跟男女朋友一般，出門會牽手、擁抱、親吻，一起煮晚餐……我們喜歡一樣的音樂、一樣的電影，也有相似的工作，但他有個一直在緬懷，曾經交往五年，分手已經快兩年的前女友。

他說他還是常常在夜裡夢到她，然後醒來後大哭一場。

　　我在跟他的相處過程中提過幾次抗議，跟他說我不喜歡這種什麼也不是的關係，但他也表明他還是無法忘懷前女友，不過一個月後，我們還是在一起了。當他開口說要在一起的時候，我非常開心，但同時又擔心他真的準備好了嗎？

　　我本來想說如果他不開口，我願意等，等他放下前女友後好好跟我在一起，但現在等到真的在一起了，我卻發現，在一起後沒有比較開心。

　　我希望每個禮拜至少有一兩天可以一起睡，但是他卻說他想一個人睡，我說我們現在這樣好像只是會一起吃飯的朋友，他說像朋友的情侶沒什麼不好。其實目前在一起才一個月，但每次提出邀約被拒絕都會讓我很不開心，覺得我們不適合，可是我又不想放棄。

請問馬克，當一個男生說喜歡你，卻又不會想要擁抱、親吻或是做愛，這是正常的嗎？（可是我們在一起前，他都會主動抱我親我跟我做）

　　　　　　　　　　　　煩惱的塵埃

hmmmm……何謂正常呢？

我們暫時先以神祕的八二數字來劃分好了，假設八成的人都會做出差不多反應的話算是正常，那我覺得他不正常。（題外話，「八成」這個字是我們在日常生活中要特別注意的語彙，大概有八成的人會使用這個字來加強他胡謅的說服力，我們日常生活中聽到的八成，通常都不是真的「八成」；遇到會常常使用八成的人，請有意識地對他說的話打折扣。）

如果他喜歡你，牽手都會硬。

雖然如此，但我身旁也有這種情況的朋友：男生對她非常非常好，有求必應，她要去哪都開名車接送，帶她吃高檔餐廳，每天膩在一起，送禮不手軟，但是這名男子從來沒有任何的言語表示，沒有告白、沒說過喜歡，出去過夜都訂兩間房，也不會有踰矩的肢體碰觸。

這個例子跟你來信的狀況不盡相同，你是在還沒告白

之前親摸抱上都來，在一起後，不親不摸不抱不上；而我朋友的例子是……什麼都沒有，雖然我覺得很難以理解啦，**但世界上就是存在很多我們無法理解的事情**，如果要知道對方在想什麼，只能跟對方好好坦誠地聊聊。

從你信中的文字敘述來看，我猜你的「愛之語」是身體的接觸，而你男友在還不是男友的時候，很願意給你肢體接觸，但在口頭確認關係後，卻不願意碰你了。要探查這中間的轉變，首先得先排除掉他的工作與生活上有沒有什麼變化是讓他感到壓力的。最近我的體會是，壓力這種東西，有時候本人根本不會察覺到，常常是累積了許久後，身體出了毛病，像是睡不著、起得早、皮膚糟、這裡痠、那裡痛、小感冒卻一直好不了，透過身體的反應才知道可能承受了許多隱形的壓力，而這些壓力在不知不覺中影響了我們的生活和判斷。所以**要先確認他有沒有壓力**，但你的確認也不是口頭上問問就能得到答案的，畢竟當事人在他的意識上都感知不到的東西，你是很難在表面的對話中談出結果的。

什麼是「愛的語言」？

每個人對表達愛與感受愛的方式不一樣，有些人喜歡聽好聽話，花言巧語對他／她來說非常有效，只要說好聽話哄他／她開心，你就可以在關係中蹂躪他，你就可以讓他感覺到被愛。

有些人喜歡的是**禮物**，物質上的付出可以給他安全感，出門回來帶點小東西給他，你就可以在關係中蹂躪他，他就會覺得你有把他放在心上，覺得被愛。

有些人喜歡**精心的時刻**，喜歡對方設計浪漫的橋段，製造驚喜，或是跟對方一起共度有質感的時間，也許是一起玩遊戲互動，一起爬山聊天，一起散步吃飯。

有些人則是**以行動代替言語**，這種人認為愛的語言就是**身體力行**，為對方設想，幫對方把事情都做好，就是他表達愛的方式。那這種天生工具人思維的人，在感情關係中，可想而知常常會輸給前三種的愛之語使用者。

最後是身體的接觸，有些人是藉由親吻擁抱來確認對方的愛的，床頭吵床尾和的人屬之，爭執吵得越激烈，床

上運動也做得越激烈，感情反而越好。

如果關係中的兩人，彼此愛的語言是相同的，或是了解對方需要什麼樣的愛，並且願意互相給予的，那這段關係就會比較順暢；相反的，如果需要肯定語言者碰上了服務者，如果服務的一方不斷地默默付出，他覺得他給了很多很多的愛，但肯定語言者卻總是不滿意，服務者的心裡會不斷地累積不滿，而這份不滿的原因正是來自於他不會說好聽話，不會用肯定的語言讓對方心花怒放。

回到你來信的問題，如果他一切如常，唯一的改變就只是做出了口頭承諾，那也許你可以問問這個承諾對他來說代表了什麼意義。我曾經在一段關係的結束，下一段關係剛開始時，對我的感情感到非常的迷惘。那時候不斷地想著「在一起」是什麼意思？「男朋友」的責任與義務是什麼？「愛」是什麼？可能是心中還有很多的情緒還沒有放下，可能是對自己和這段關係還需要更多的探索，我從你的文中可以猜想出你的愛之語是肢體接觸，但**你知不知**

道他的愛之語是什麼呢？

　　如果他的愛之語卡住了，也就是對他來說，目前的他不知道什麼是愛與被愛，在這樣的情況下，要說出「我愛你」這三個字是非常困難的，因為他根本一團混亂，不知道愛是什麼，他可能把自己卡死在某種定義中，覺得愛是很困難的，很高尚的，很難得的，不能輕易說出口的，如果常說就變得廉價了；但對你來說，愛之語是身體接觸的你，只要在肢體接觸後，你就能感受到愛與被愛，你就能脫口說出愛他。看到這裡不知道你有沒有辦法換位思考一下，**當一個說不出愛的人，看到你這麼輕易地就說出了愛，這種情況對他來說是一種很大的壓力。**

　　因為我們的設計天生就是要回應別人的，當別人說了我愛你，我也覺得我需要回應我愛你，這樣的回應對有些人來說覺得沒什麼，反正就是說一句話而已，又不會少一塊肉，如果可以讓對方開心，何樂而不為？但對有些人來說，因為他們心中的某種堅持，看似簡單的一句話，如果沒有通過他們心中的關卡，那會非常難以啟齒。

這種無法回應你的「愛」的壓力，導致他不給你你要的愛。也許他在潛意識中發現了你的行為模式：在每次的親密接觸後，你對他的感情就會變得很濃烈，當還沒有做出承諾的時候，彼此只是玩伴；但是當他變成了你的「男朋友」，他開始意識到自己這個身分負有某種他目前並不想承擔的責任和義務後，他就下意識地迴避肢體接觸。**可能他還沒準備好承接太多你的愛，所以他先從自己這裡減量付出，讓你減少感受到他的愛，這麼做也許才可以讓他內心的天秤比較平衡一些。**

關於為什麼你的男友在確認關係後不再碰你，這只是我發揮靈動（腦）感應（補）的神來一筆，我想引用美國心理協會的守則作為提醒：**任何心理醫師都不該在沒有當面會談的情況下給予診斷。**

我不是心理醫師，所以我不用受到這個規範的束縛，但是這件事應該這樣看：就連受過專業精神醫學、心理諮商、心理學的專業人士，都不能在沒有面談的情況下給予心理評估，更何況不知道哪來的鄉野莽夫、塔羅神算，他

憑什麼隔空抓藥，單憑文字就對別人的問題說得頭頭是道、言之鑿鑿呢？這個人八成有問題。

把你的問題拿到網路上問人，
無異於請鬼拿藥單。

砲友變男友

 %%子

馬克、瑪麗、各位點友大家好！

我是%%子。曾經，我是個流連在各大交友軟體，沉迷於約砲刺激中的女生。

約砲對我來說是件輕鬆、沒有負擔的事情。我從來不去對方家，也不把對方約來家裡，開房的錢永遠AA。男人只分為好砲和雷砲這兩種，砲打得好，就多打幾次；砲打不好，謝謝不聯絡，反正大家各取所需，沒什麼大不了。只要對方暈船，我就跳船，我覺得這樣很棒。但是這樣輕鬆的好日子，直到遇見Simon之後，就找不回來了。

Simon是我在Sex板上認識的對象，他主動傳照片來，問我要不要約。坦白講，他的照片普普，身材看起來是有在練，但跟我之前遇過的砲友比起來，也沒多特別。所以，見到他之前，我並沒有多大的期待。

殊不知，實際見面之後，Simon 的長相比照片好看一百萬倍，除此之外，身材讚、技巧好、聲音又好聽，S 和 M 雙屬性都能駕馭，和我在性事上一拍即合，簡直是可遇不可求的天菜。那天，我們在汽車旅館做了好幾遍，離開的時候，我二話不說跟他約下次，他卻看起來有點為難的樣子。

　　我以為他要拒絕我，心裡還有點賭氣，想說「好啊好啊那就算啦」，沒想到他沉默了一下，反而開口問我要不要當固砲。當然好啊！這麼合得來的 Body，我怎麼可能放過咧？

　　就這樣，我和 Simon 成為固定砲友，除了生理期，大概是一週兩約的頻率。有一次，Simon 忘了帶手機，說要回家拿，我陪他到家門口，他竟然直接把我拉進門，在玄關撩起我的裙子，就這樣狠狠地撞進來。從這次之後，我們就越來越常在他家做，有時做完還會一起吃飯、追劇、聊天。

發展到這時，我隱約感到不對，因為我發現自己竟然會因為找不到他而患得患失，於是我知道——我暈了。

　　我心情很複雜，有點難受，又有點抱歉。我違背了「只打砲、不談感情」的原則。繼續這樣下去，不只我會受傷，對他也不公平。所以，我決定跟他坦白我的心情，並且，我要下船了。

　　聽完我的自白，Simon 的臉色先是從沉重，轉變為偷笑，到最後整個放聲大笑，笑到我差點發脾氣，轉身走人。最後，他緊緊抱住我，說：「那就當男女朋友吧！其實，把你帶來我家的時候，我就已經暈了。」天啊！簡直中大獎！當下我的心情飄飄然，Simon 就這麼成了我的男朋友。

　　從固砲變穩交，我們在彼此面前刪掉了手機裡所有的交友 APP，包含前砲友、前男女朋友等等的聯絡方式，也承諾不再在 SEX 板，或任何地方約砲。一切都看似很甜蜜對不對？但是，沒有。熱戀期過後，我簡直成了個神

經兮兮的瘋女人。

　　只要想到我們是從砲友開始的，找不到他的時候，我就會很擔心他是不是又「重操舊業」了？他和朋友多聊幾句，我就胡思亂想，還會忍不住偷偷看他的帳號有沒有上線、有沒有新信件。我知道不該這樣，卻無法控制自己，甚至還會想，萬一他哪天遇到身體比我更合的怎麼辦？萬一我哪天身材走樣、鬆了怎麼辦？

　　我越想越害怕，真的好怕失去他哦！從打砲開始的戀愛，怎麼這麼難啊？

我想請問，從哪裡開始的戀愛不難？

你們是從同學開始的交往，你就不會神經兮兮嗎？你們是從公司同事開始的辦公室戀情，你就不會查勤嗎？你們是朋友介紹認識的，你就不會擔心他移情別戀了嗎？**自己沒有安全感不要把錯怪在開始的契機欸，你永遠有辦法找到責怪的理由**，但是你應該要面對的，是你內在的不安全感。

以前你為什麼選擇約砲而不是穩定交往呢？你說因為輕鬆、沒負擔、不帶感情，但是如果要進入一對一彼此承諾的關係，勢必要面對責任、義務、忠誠、經營這些問題，這些不輕鬆、不簡單、充滿感情的事情。以前你所逃避的陰影，在你進入有意義、與人連結的關係後，逼迫著你出來面對。

不願意負責任，故作瀟灑、雲淡風輕的人，覺得什麼事情都事不關己，生命的意義就是遊戲人間，這種生活態度的人，我們先把他放在光譜中的最左邊；另一邊則是俗

稱的恐怖情人、情緒勒索達人、控制狂、直升機家長／情人，覺得什麼事他都要掌控，把別人的生命抓得牢牢的，那是為他們好。這條光譜上的兩個極端，看似反應完全不同，可是背後的成因卻是一樣的：不安全感。

　　內在不安全感到極致的人，由於實在太不安了，覺得什麼事都無法掌控，所以乾脆先行放棄，假裝自己一切都不在意，一旦遇到要負責的事就逃避，豎起大拇指自豪地說「我就爛」。**反正先下手為強，我先承認我很爛，我是扶不起的阿斗，你們就沒辦法再逼我要做這做那的了。**我扶不上牆，你們也不用對我有所期望，讓我一個人過自己逍遙自在的生活就好。

　　內在不安的另一種極致表現，就是所有的事情都要控制，一舉一動都要監視，而且你必須順從地聽命於他，要符合他的規矩他的模式。這種人的口頭禪是「都是為你好」，實際上是為了讓自己在這段關係中取得主導權。有些控制型人格會伴隨著羞辱與貶低對方，藉由

打擊別人的自尊，把所有人都踩在自己的腳底下，來確認自我的優越感。

我們每個人，都在這條光譜上的某個位置，有些人在故作瀟灑的左邊，有些人在極端控制的右邊，而還有些人，會像是雙極性情感疾患者一樣，會從一端擺盪到另一端；有時候完全不在意，過一陣子又變得患得患失、神經兮兮。

為什麼內在會感到不安呢？我認為不安跟這件事有著絕對的關係：自信。你知不知道你是誰，你處在光譜上的哪個位置，你要往哪裡去。知道的人，就不會猶疑不定，他們的起伏平靜，他們了解自己；相反地，越不認識自己的人，越不知道自己在幹麼的人，也就越容易被影響，越容易被觸發，越容易焦慮，越容易不安。

好好面對自己的害怕與不安吧，**你的事不關己與神經兮兮來自於你沒有正視你自己要的是什麼。**明明想要愛情，卻想得而不可得，於是吃不到葡萄說葡萄酸地宣告自己喜歡沒有負擔的關係。當你真正進入承諾裡，得到了夢

寐以求的感情，卻又開始害怕自己德不配位，沒有資格這麼幸福，於是想要靠祕密警察的手段來鎮壓住對方，殊不知這正是扼殺彼此關係的元兇。**正視自己的內心吧，不再用假裝去武裝自己，願意負責與付出去經營，**你自然會得到你真正想要的東西。

4P 換換愛

 小圓

　　馬克、瑪麗，我是小圓，接下來我要講的事情，可能會讓你們覺得有點荒謬⋯⋯但我煩惱了很久，真的不知道該怎麼辦才好，拜託你們幫幫我。

　　我今年二十六歲，有個交往四年的男朋友。我們目前同居，感情很穩定，也見過彼此的家人，預計明年要結婚。不過⋯⋯好像就是談婚事開始，他就變得怪怪的。

　　寫到這裡，你們一定會以為他是為了什麼大小聘、迎娶等等婚禮細節，跟我發生爭執之類的，對吧？

　　坦白說，如果是這樣就好了，偏偏不是。男友說他有個願望，無論如何，都想在婚前實現。而那個願望是：找另一對情侶，和我們一起做愛。不只是同時做而已，還要互相交換伴侶，在對方面前做。

　　他興致勃勃地提出這個要求，還說可以先發個徵求情

侶的貼文，弄個聊天群組來過濾對象，並且給我看了很多類似的經驗分享。我嚇了一大跳，本來以為他在開玩笑，沒想到他卻說他是認真的，甚至還已經找了那麼多資料，一副蓄勢待發的樣子。

老實說，我很害怕，當然不可能答應啊！結果他每天都在不斷說服我，他說：「難道你沒有想像過同時被兩個男人幹嗎？難道你不想追求更刺激的性愛嗎？未來我們還要在一起三十、四十年，接下來的幾十年都是單一性伴侶，不趁現在年輕時衝一波，以後就沒機會了耶！好嘛，試試看嘛！只是追求極致的享受而已，結束之後，我們依然是深愛對方的啊！」

他說的我都懂，也有那麼一點點心動、一點點想嘗試，但心裡又覺得，我真的不想跟別的男人做，也不想親眼看著他幹別的女人。

我很猶豫，他卻好像覺得我在動搖，只要盧久了，我就會答應，所以就興高采烈地去貼文，準備要找別的情侶來「行前會談」。

到目前為止，他已經找過兩對情侶，幸好那兩對情侶都有各自的問題，沒有被他列入考慮，我也鬆了很大一口氣。但是，即使這麼不順利，他並沒有因此打退堂鼓，反而還越挫越勇，更加積極地尋找合適的對象。

　　馬克、瑪麗，看他興致這麼高昂，我真的很煩惱，卻不敢斬釘截鐵地告訴他「我不要！」。我很擔心，萬一我拒絕他，他就私下去找別人追求極致的快感怎麼辦？萬一我婚前沒有滿足他，他婚後就忍不住胡搞瞎搞怎麼辦？又或是，會不會有了第一次之後，他就食髓知味，結果越玩越多 P？

　　我每天都很不安，甚至還胡思亂想，想說他會不會是在測試我？或是其實他根本不想娶我，所以才找些很荒唐的理由來搞砸婚事？

　　我真的好煩好煩，現在只要看到他的訊息，就很害怕他已經找到願意 4P 的情侶。我真的應該要聽他的，在婚前玩一次 4P，完成他的心願嗎？

你人好好。

我沒經驗沒辦法給你意見，可惡。

不過我可以告訴你，看完你的來信，男人腦整篇文章是看不到你的擔心跟憂慮的，我只看到你說「有那麼一點點心動、一點點想嘗試」。

呼呼呼呼呼呼呼呼（棒棒糖男孩式的野獸吼叫）那我當然一定要繼續說服你的啊！

你的「一點點心動」是一座堡壘中的裂縫，看到裂縫讓我覺得有機可乘，我會帶著強大的火力繼續進攻。因為我知道那個細小的裂縫，在我的強攻之下，有可能變成一個小洞，這個小洞會漸漸變成一個能夠容我通過的洞，讓我進去做我想做的事情。

到當你發現苗頭不對，想要喊停的時候，已經沒有辦法拒絕與回頭了。

很多事情都要在一開始的時候，把看似無害的小小念頭掐死，讓它沒有生長與發展的空間，因為一旦種下，它

的生長速度和路徑是不可預期的，**我們常會高估自己對無法預測的人事物的控制力**，像是經濟走勢、股價漲跌、另一半的心思，還有自己。

你可能回過神的時候，卻發現自己已經變成你不想要的模樣，過著你不想要的生活。

所以，**把持自己的心吧，確定自己想要的是什麼**，提醒自己要有「確定性」。

你內在的不確定，會造成外在不確定的結果。你的有一點點心動，會讓我以為這也是你想要的，於是就會朝著「我們」想要的方向去推進。但由於你的不確定，在推進的過程中，會遇到許多來自你的阻礙，你會覺得這樣不太好，你會有所擔心，你退卻了，那對我來說我會覺得你為什麼出爾反爾，這不是我們說好的嗎？這不是要為我們在婚前留下一個我們瘋狂過的回憶嗎？於是衝突就產生了。

我不是你的蛔蟲，我的腦子裡只有精蟲，我不會知道你的心動是跟我一樣躍躍欲試，還是參雜了更多害怕失去關係的恐懼與擔憂。

除非你跟我說。

在關係互動中，當對方這麼直白地講出了他的幻想與需求，為什麼你無法真誠地回應你的疑惑與擔憂？**他表達了自己，你還是愛著他，但你為什麼害怕當你表達了自己後，他就會離你而去呢？**

當你們沒有透明的相互交流，無法感受到安全的連結，你的腦海就會有各種不信任、不安全、擔心害怕的想法在飛來飛去。由於你不把你的情緒好好傳達給對方知道，這些雜亂的負面心智，你只能一個人消化，或是受不了了才寫信給我，或是隨便在網路上找個陌生人傾吐（這個舉動可能也會引發意想不到的節外生枝），這一切的開端都起源於對方的一個提議，以及你沒有好好地、真誠地回應。

「你的憂慮，伴侶知道嗎？」
「你的想法，伴侶知道嗎？」

做真實的自己，搞清楚自己真正想要的，發展出確定性，並且讓你的伴侶遇見真實的你。

最後，我認為一個負責任的回應態度是，我要親自體驗過那樣的經驗，我才能以第一人稱的感想告訴你我覺得好不好玩，同時我也要有足夠多的樣本數，才能排除可能由於一開始的青澀，或是所遇非人所造成的體驗品質降低。

為了當一個負責的回應者，我向老婆提出了申請，跟您回報一下她的回應：「你覺得有可能嗎？」

她是個擁有確定性的人。

什麼是確定性，請看這裡：

SCREWE

夾在我們中間的那些人

D

data

主訴 ————————————————————————————

我跟她只是曖昧而已

 奈美惠

　　哈囉！馬克、瑪麗，我是奈美惠！我已經寫過好幾封信給你們了，之前分享過旅遊和同事的故事，沒想到，寫自己故事的這一天，這麼快就到了；也沒想過，我和老公的婚姻，這麼快就出問題了。

　　老公是我的大學學長，我們交往了八年才結婚，從求學到出社會、走入婚姻，一路都很平順。他呢，就是那種大家眼中的老實人，戴副眼鏡，看起來乖乖的、斯文斯文的。在學校功課很好，出社會後，成績也不錯。他在一間大公司裡當業務，當沒幾年，很快就升上了經理職位。除此之外，我們也湊到了頭期款，在家人的贊助下，有了自己的房子。

　　我們對彼此都很了解，生活過得還算可以，不論是彼此的家人，或是街頭巷尾的鄰居，都對他讚不絕口。所以我從來沒想過，我們的婚姻會走到這步。

最初，大概就是從他升上經理開始的。

當上經理後的他很忙，不只要跑客戶，還要帶人、做報表、開會，回家時間越來越晚，神情也越來越累。我看在眼裡其實滿心疼的，為了讓他好好休息，就算我自己下班也很累，還是一肩包辦了所有的家務。常常他放假時要回公司加班、要跑客戶，我都不敢有怨言，總之都順著他就是了。

沒想到，這可能就是錯誤的開始吧！我忘了，當一個男人事業有成，有點年紀和身分地位時，就很容易被人覬覦。他公司裡有個非常年輕的女業務，常常藉著公事來問他問題，或是要求他一起跑客戶。

本來我沒覺得怎樣，想說照顧一下新人也很正常。但後來，這個女業務常常在他的社群軟體上留些引人遐想的留言，比如：「經理的身材真好，真羨慕經理的太太！」「經理真是新好男人，早點認識經理的話就好了。」「真

想交個和經理一樣的男朋友」之類。

不止如此，這個女業務也會跑來我的 FB 或 IG，在我和老公的合照上，張張按心。幾乎是只要我一發布，她就秒按，真的讓我很不舒服，感覺被她監視，還有種被嗆聲的錯覺。

到這裡，我還可以勉強說服自己，是我想太多。但是後來，老公常常在我洗澡或做家事的時候，跟她講電話，只要我一出現，就掛掉。問他在跟誰講話，他還用其他的男同事來騙我。我覺得這根本太此地無銀三百兩了，從此就留了心眼。

好死不死，有一天，洗衣服的時候，居然被我發現他有新內褲。這太不尋常了！因為他是個內衣褲和襪子就算破到剩下絲，還會繼續穿的生活白痴，從來不會主動去買日用品。而且他很省，這內褲是名牌貨，想也知道不是他自己買的。

我不敢打擾他上班，壓抑著滿腔怒火，直到他下班回

家，才拿著那幾件內褲，質問他是怎麼回事。他支支吾吾，一下說是他媽買的，一下說是自己逛街買的，一下又改說朋友送的，我追問他是哪個朋友，他答不上來，然後他就生氣了。

他氣炸了，說是女業務送的，人家就是逛街看到，覺得很適合他就買了，叫我不要小題大作。拜託，誰會沒事送男主管內褲？什麼叫做送內褲是小題大作？我覺得他根本是見笑轉生氣，於是我也氣炸了！

我氣到回娘家住了幾天，現在這封信也是在娘家寫的。這幾天，他傳了幾次訊息來道歉，內容大致都是說，他和那個女業務真的沒什麼，只是曖昧而已，他沒有做任何對不起我的事情。

他不講就算了，越講我越氣，曖昧叫做沒有任何對不起？難道要等孩子都生出來了才算對不起嗎？

這段時間，很多人勸我，婚姻不是非黑即白，有很多灰色地帶，需要睜隻眼閉隻眼、相忍為「家」。既然沒有

肉體出軌，忍一下就過了，婚姻是需要退讓的，畢竟未來還要共同生活幾十年。

但我真的搞不懂耶，為什麼是我要忍，不是他忍啊？雖然我賺得沒他多，但房貸我也有出，家事我也有做，為什麼大家都要我體諒他？

做錯事還這麼理直氣壯，難道我也能去跟別人曖昧嗎？所謂的婚姻，真的就是這樣嗎？馬克、瑪麗，我真的好難過，你們覺得，我應該要離婚嗎？

歌曲接唱時間：

「睜一隻眼，閉一隻眼，＿＿＿＿＿＿＿＿＿。」

老實人老公想壞壞，讓我們再出下一題：

「十個男人七個傻、八個呆、九個＿＿＿。」

傻呆老公出頭天，乖乖牌的他，一步一腳印地走到了今天，自己的努力終於有了回報；終於有機會讓他體驗一下當個左右逢源的壞男人是什麼感覺，終於有年輕妹妹看到他的好，主動對他投懷送抱。

讓我們繼續接唱下去：

「還有一個人人愛，姐妹們，跳出來，就算甜言蜜語把他＿＿＿＿＿。」

看來女業務應該是這首歌的忠實擁護者，遇到獵物，加油添醋，在各個他看得到的地方做好表面功夫，迷湯灌好灌滿，甚至侵門踏戶。面對口味相通，不在乎前輩積極

出手的姐妹，請問姐姐該如何應對？

感情上的賽局通常是很反直覺的；發現跟對方的交流少了，發現對方累、不對勁，直覺：體諒他、為他多付出。不，反直覺：對他說甜言蜜語，把自己的付出化成話語告訴他，面對他，把你的感受與他分享，平和地跟他溝通，主動規劃一些幫他放鬆與轉換心情的活動，問問他喜歡什麼。（通常都會回答「沒有啊」、「不知道」，直覺：好啊，那就算了。不，反直覺：這不是對話的終點，是以你對他的了解，展現你平時有多麼注意與觀察他的時候。）如果能做到這樣，感情健康的第一步確保了，後面也就不會有大問題。

若是第一步已經被過了，二線的補防要快，不要忘記**感情是一場情緒的遊戲，而要把遊戲玩好不能單靠直覺反應**。被社群跟蹤嫌煩，直覺解法：封鎖她。不，反直覺：設摯友專門跟她對話。曬恩愛也好、展現自己比對方優秀的一面也行，如果她想看，就讓她看個夠。**女人之間，**

決勝的是情緒。讓後輩知道姐姐的心理素質與正向的生活態度，是她難以企及的。相反的，如果你吵了鬧了慌了，那妹妹就會知道這是一場可打的仗，她的企圖與攻勢就會越發積極凌厲。

危機就是**轉機**，強大的你請把女業務當作貴人。她的出現是來為呆頭老公上課的，讓老公意識到自己想要壞壞的內在，以及沒說謊的才調；她的出現也是來為你上課的，告訴你感情需要經營，人都喜歡被五星吹捧。面對呆頭老公，你有多久沒有吹他、捧他了呢？😊

回到〈睜一隻眼閉一隻眼〉的歌曲接唱，不知道你唱的是第一段還是第二段呢？第一段要對方每天說愛你一百遍，定時和你連線，是直覺解法，但請記住，感情上的賽局是＿＿＿＿的。

睜一隻眼閉一隻眼　人沒有十全十美
心疼你就快要崩潰　也許　可以再給你機會

噢對了，也許有人會生氣為什麼通篇都在講馭夫術，什麼「女人之間決勝的是情緒」這種鬼話，最該被檢討的人呢？男人呢？老公呢？這種容易被牽著鼻子跑的人才應該好好被態度矯正吧。

　　是的，讓我們回到〈姊姊妹妹站起來〉這首歌，十個男人七個怎麼樣、八個怎麼樣、九個怎麼樣？面對這種傻呆壞的拐瓜劣棗，我個人是覺得教化可能性不高啦，所以還是苦口婆心地跟比較有成長可能的廣大女性們喊話：請好好成長，管理我們、帶領我們吧。

＊〈睜一隻眼，閉一隻眼〉，收錄於蔡依林 2005 年作品《J-Game》，作詞：晴天、李焯雄。
＊〈姊姊妹妹站起來〉，收錄於陶晶瑩 1999 年作品《我變了》，作詞：劉思銘。

你的閨密是我的龜祕

 大方

　　馬克、瑪麗，你們好，我叫大方。我最近遇到一個有點尷尬的問題，想請教兩位，希望能給我一些意見。

　　我跟我女友小雅是在台中認識的，交往五年多了。前年九月，我升職了，被調回高雄總公司。我很希望小雅能跟我一起下高雄，但礙於她是老師，沒法說轉校就轉校，我們只好分居兩地。

　　台中到高雄挺近，坐高鐵一下就到了，但因為我是主管，常常假日也要進公司，所以大多是她南下找我。她來高雄找我時，我不一定能整天陪她，她閒著沒事，就會自己打發時間。

　　恰好她有個大學時期的閨密——媛媛，住在高雄，離我住處不遠，騎車大概二十分鐘。小雅來高雄找我時，如果我比較忙，她就會去找媛媛聊天逛街。有幾次我下班時

是吃飯時間，她剛好和媛媛在一塊，我們就會三個人一起去吃飯。一來一往幾次後，我跟媛媛也算認識了。說是認識，其實不熟，畢竟是女友的閨密，還是要避嫌嘛。

有次，我們三人一起吃飯，小雅趁著媛媛去上洗手間的時候，問我什麼時候才能搬回台中。我跟她說公司總部在高雄，除非我被降級，否則回台中的機率很低……然後她就爆氣了。

我當下無言了，這是我一個人的問題嗎？她不也沒法調來高雄工作？就彼此多包容啊！最扯的是菜都還沒上到一半，小雅就甩頭走人。等到媛媛從廁所出來，找不到小雅，問我小雅人呢，我也不好意思說實話，只好跟她說小雅臨時有事先回去了。

媛媛看出情況不太對，原本也要走，但服務生剛好又上了幾道菜。我跟媛媛說，既然菜都上了，不吃也是要付錢，叫她吃完再走。她本來看起來很為難，但最後可能看我可憐吧，就留了下來，一邊吃飯，一邊問我發生什麼事。聽說事情經過後，她還叫我要多安慰小雅，給了我一

些建議。

　　從那之後，我跟小雅的相處方式就變了，常常起口角，她下來的次數也少了，有點像在賭氣。有時候我們吵得特別兇，我心情不好，就會向媛媛訴苦，畢竟只有她最清楚我跟小雅的狀況。有幾次下班比較累，我懶得用 line 聊，畢竟打字也是很花時間的，乾脆直接約媛媛見面。如果媛媛已經吃過飯了，我就會約她出去喝兩杯，解解悶，反正我們住得近。

　　媛媛人真的不錯，什麼都能聊，每次都會很認真幫我分析、出主意，我對她完全沒有非分之想。直到有一次我們都喝醉，離開酒吧後，我帶她回我家休息，那時不知道是精蟲衝腦還怎樣，我們就做了。

　　這種事，有一就有二，到後來我跟媛媛就變得有點像情侶，她常常跑來我家過夜，只是我們都沒把話說開。

　　前陣子，我覺得這樣下去不是辦法，就鼓起勇氣跟媛

媛討論，是不是該跟小雅分了，我們倆正式交往，畢竟我們相處起來也挺舒服。

媛媛最初不同意，但後來還是被我說服了。

決定之後，我就開始醞釀，想找機會跟小雅談分手，沒想到我還來不及開口，小雅就跟我說，她準備把教師工作辭了，搬下來跟我同居。

早不來晚不來，偏偏挑在這時候，我整個人都亂了。

我不是不喜歡小雅，只是媛媛那邊也說好了，好像怎麼做都不對，我到底該怎麼選……

媛媛會很認真地幫你分析與出主意啊，這個難題就交給媛媛吧。（從上述的回應，可以清楚明白地看出當男性遇到困難問題時，直覺性的逃避甩鍋反射動作。）

一個人 × 兩個人の四種結果：

一、男人的夢想姊妹丼，兩個閨密一次擁有，左擁右抱好不快樂。

如果你有極強大的吸引力和安撫人心的能力，或是兩位閨密中有一位超低自尊容易被影響，又或是她們本來對關係的想像就與一般人不同，說不定這是一個皆大歡喜的情境。在權力平衡理論中，雙元對立導致冷戰，多角關係反而創造各種不同的交流（但比較危險與不穩定）；在家庭系統理論中，**用第三者來減緩兩人間的焦慮與衝突是一種自然的方式**，媛媛作為大方與小雅的問題解決方式，如果三人互動處理得宜，未嘗不是一種對大家都好的安排（但面對現實吧，通常不太可能處理得宜啦）。

二、媛媛。

對好奇（把持不住自己）的人來說，新鮮感永遠會擊敗習慣，但是只要多用膝蓋想想，就會知道新鮮感終究會退去。把小三扶正的問題是，有道德感的人會認知到自己是個「壞人」，並且背負著這個新的自我認知與討厭的感覺生活著；小三還會有這樣的恐懼：既然你為了我這樣對你的前任，那當下一個對象出現時，我是不是也會被同樣的對待呢？當一段關係中，**一個人厭惡自己，另一個人充滿被拋棄的擔心時，那麼這段關係怎麼看都無法讓兩人真正地開心呀。**

另外，媛媛本來也沒有想跟你在一起，不管是因為不想背負「搶閨密男友」這種賤女人的罪名，還是本來就只把你當個活體陪伴的工具，沒什麼感情，你如果最後選擇了她，說不定才是造成人家的困擾。

三、小雅。

情人還是老的好，放不下五年的感情，最後還是選了小雅。這種選擇在沒有家累的情況下少見啦，通常會選擇

元配只有兩種可能：一是你們彼此的糾纏太深，因為不想面對，所以乾脆算了，就繼續下去吧。這種糾纏可能是孩子、是彼此的家人、是錢的問題、是共同朋友圈。人很奇怪，會因為**寧願不去面對現實，而選擇繼續受苦**；第二個可能是，新人的吸引力遠遠不及元配，讓人沒有動力去做出更換決定的選擇。

這個理論可以用政治學中的繼任者優勢來看，已經選上的人在下一次選舉中有著繼任者優勢，因為他除了運用既有的行政資源幫助自己外，由於人性喜歡已知、確定的東西，挑戰者如果沒有足夠強大的吸引力，是無法讓選民把票投給不認識的新人的。

跟小雅在一起的問題是，你要不要對她坦承你的出軌？坦承的話會對你們的關係造成什麼改變？不坦承的話你有辦法像什麼事都沒發生過一樣地相處嗎？還有，不坦承等於是有個超大的祕密握在別人（閨密）的手上喔，你有辦法處理這個不定時的未爆彈嗎？跟閨密還見面嗎？見了面不會尷尬或起邪念嗎？

四、兩個都不選。

看似是個無事一身輕的渣男選擇，把情況搞得一團亂以後，拍拍屁股離開。未來她們的感情會不會生變，她們的人生過得怎麼樣，都與你無關了。這是一個讓複雜的事情回歸簡單的明智選擇，人生本來就應該簡單地過，但偏偏很多人喜歡把自己的人生搞得很複雜。因為錯誤的決定而開始的事情，必須做出一個正確的決定才能停損止血。

正確的決定不代表不會痛；正視自己的錯誤是痛的，正視自己帶給別人的麻煩是不好過的，但是唯有如此，才能讓這段關係中的每個人，都往更好的方向前進。

很多人因為不肯認錯，變成鴕鳥，閉上眼睛當作看不見，說服自己未來一切都會好的。但是未來不會自動變好，錯誤像個泥沼，當你踏上了，你的鞋只會越來越髒，直到你離開它。**你也可以不斷地換新鞋，但只要你還在泥沼裡，你的鞋就是會髒。**意識自己的思維和行為模式，發現自己的泥沼，認識自己的泥沼，然後有意識地避開。否則不管你換多少雙鞋，經歷了多少個小雅、媛媛、Andy、Michael，你還是會不斷重複經歷同樣的事情，然

後把自己和別人的人生，都弄髒。

人很奇怪，會因為寧願不去面對現實，
而選擇繼續受苦。

是不是每個男人都這樣？

 問天問地問馬克瑪麗

　　馬克、瑪麗，雖然已經聽了很久的節目，但這是我第一次寫信給你們。因為我的心情很亂，字可能也有點亂，還請你們見諒。

　　大學的時候，我跟前男友是班對，不管去哪裡都出雙入對，感情很好。但是後來不知道怎麼回事，他突然變得很冷淡，不管跟他講什麼，都是問一句答一句，還會自己一個人對著手機傻笑。

　　我越想越奇怪，問他是在跟誰聊天，怎麼聊得這麼開心的樣子？他都說：「沒有啊，只是在跟學妹聊社團的事情啦。」

　　但是，事情並沒有像他講得這麼簡單，他和那個學妹越聊越曖昧，到最後，我跟他就為了這個學妹分手了。

分手後，因為我們同班，難免會碰面，就算沒見面，也或多或少會聽到他的消息。每見他一次，我就覺得傷口又更深了一點，好不容易捱到畢業，才慢慢走出情傷。

　　出社會後，我堅持不和同職場的對象談戀愛，因緣際會下，認識了後來的男友，並且在交往五年後決定同居。

　　決定同居後，我們一起找房子，一起選家具，一起布置我們的小天地，一切都那麼好，直到有天我發現，他竟然也開始對著手機傻笑了。

　　我知道他的女人緣不錯，也知道他有幾個比較要好的女性朋友，但是，由於有過學妹的前車之鑑，他的每個女性朋友我幾乎都認識。不管是他的家人、同事、朋友，我全都熟得不能再熟。仔細過濾，真沒找出任何可能有問題的對象，我左思右想，都不明白是哪裡出了問題。

　　沒想到，有天無意間看到他的手機畫面，我才發現，他竟然會趁我不在家的時候……約、砲！而且還會把對方帶進家裡，不止一次，不限單一對象。

想到我們一起挑的床、一起選的床單，竟然有別的女人睡過躺過滾過，就讓我覺得超噁，噁到不行，噁到想吐，還手刀跑去做匿名的愛滋篩檢。

　　雖然檢測結果是陰性，讓我鬆了一口氣，但我也決定立刻搬出同居的地方，果斷分手。只是直到現在，我都很憤怒，也很不甘心。

　　為什麼我每次談戀愛都這麼認真，卻會三番兩次遇到同樣的事情？而且我仔細觀察過，不管是那個學妹，還是約砲對象，她們的條件都很普，根本沒比我好啊！難道男人不搞曖昧、不約砲就會死嗎？一定要背著女朋友胡搞瞎搞，才會有成就感？為什麼我想避免重蹈覆轍，千防萬防，防到最後，結果還是一樣？

不是每個男人都這樣！

歡迎收看本集矛盾大對決，「什麼球都接得到的防守」與「永遠打出讓人接不到球的進攻」，你覺得誰會贏得比賽？

大約四千年前，黃河泛濫，鯀與兒子禹先後受命治水，鯀用障水法，也就是在岸邊設河堤，但水卻越淹越高，歷時九年未能平息洪水災禍。禹接續父親未完的使命，總結父親治水失敗的教訓，改成以疏導河川為主，將平地的積水導入江河，再引入海洋。經過了十三年治理，終於取得成功，消除中原洪水氾濫的災禍。

在所有取分得勝的運動項目中，用防守降低對手的得分是取勝的方式，但最終贏下比賽的關鍵，靠的是得分勝過對方。要贏，如何取分才是重點，不是說防守不重要，而是單靠防守是不太可能取得勝利的。

不過，用競技運動去比喻感情關係會落入一個誤區：感情是個你輸我贏的競爭遊戲，但其實不是，但很多人認為是。

另外，比賽有明確的遊戲時間，時間到，比賽就結束，但感情沒有，只要雙方沒有人說再見，這個賽局就會一直進行下去。

感情不是比賽，比較像經營一支球隊，或是跟經營任何事情一樣，是長時間的重複賽局，需要中心思想，風格、策略、管理、戰術、執行，需要了解自己與了解對手，但讓我們不要把一篇文章的篇幅衍生成一套書吧，專注講講為什麼在一段關係中，對方要偷吃？

我覺得原因分成兩點：

一、你的吸引力不夠留住他。

二、你的吸引力是足夠，但他沒有意識到這麼做會失去你。

第一點不用多說了吧，就是他不夠喜歡你啊，覺得你臉蛋不夠漂亮、身材不夠好、學歷不夠高、不夠聰明、不夠體貼、不夠有趣、跟你在一起有點無聊。有些比較顯性的會伴隨言語上的奚落，看不起你，處處貶低你，甚至用羞辱攻擊你；我就問，你到底跟這種人在一起幹麼？再怎麼低自尊無價值感，我們平常飽受自己內在的自我批判就已經夠了，你竟然還要找個外面的人用更猛烈的砲火轟擊你，這真的太 M 了，醒醒！

第二種明明很愛你，卻還是要偷吃的類型，除了什麼男人在生物設計上就是要播種，犯了全天下男人都會犯的錯這種老掉牙的說法，還有父權社會下的一夫多妻，皇帝後宮佳麗三千這種男性集體潛意識的幻想外，下面提到的幾種心理狀態不分男女，這樣的人在穩定關係中就是會有想出軌的因子。

1. 從小在不穩定關係的環境中成長。對他而言，**不穩定的關係才是常態**，穩定的關係讓他覺得奇怪、恐懼，甚

至下意識地想要去破壞。

　2. **越靠近成功越想毀滅一切**的類型，覺得自己不值得，內建「我一定會失敗」的信念，並且讓這個信念成為自我實現的預言。另外也許伴隨著冒名頂替者症候群，或是自我設障、自我阻礙的毛病，總是不自覺地搬石頭擋住自己的去路，這種會主動砸鍋的傾向，也可能與下一個因子有關。

　3. 感覺不到自己的存在，覺得日復一日的生活了無生趣，**需要刺激與新鮮感讓自己感覺「活著」**。會刻意去做旁人看來叛逆的行為作為無趣生活的補償，在打破規則中得到快感，有些甚至是希望能夠被抓到，好讓他停止這樣破壞的行為拯救他，但被抓本身又是極度的刺激，更加深了他去做這件事的動機。

　4. 為了證明自己的魅力

5. 自戀型人格

6. 永不滿足，想著所有的好東西我都要，常常覺得現況不夠好，是個在追逐太陽的夸父。

知道了這些可能的原因以後，你要當大禹嗎？用疏導的方式去幫助他好好面對內心的慾望，並且不再傷害人。在傳說故事中，禹前後花了十三年，整天泡在爛泥裡疏通水道。其中最有名的故事是三過家門而不入，一次是新婚後，二是兒子出生時，第三次是兒子已經懂得叫爸爸，他也只是揮一揮手，打個招呼表示看到了。禹後來因為治水成功，被人們尊稱為偉大的禹，簡稱大禹。你也有如此偉大的情操，並且做好了長期抗戰的準備嗎？

以及，當你為他付出了這麼多，但是你呢？你的需求是什麼？你有沒有好好照顧你的需求呢？

傳說中大禹靠著疏通排解了水患，但是在考古上，無

解大禹是如何解除水災的。疏通九川、開闢九州這種浩大工程非人力所及，這種千年一遇的大洪水即便在現代科學也難以控制。現代的科學家們猜想大禹治水時，氣候忽然好轉，季風降雨正常化，植被恢復，各大河流完成改道，在天時地利人和的種種因素配合下，水患才結束的。

也就是說，水患不是只靠著疏通，而是隨著氣候改善而減少的，這可能更接近於事實。（我需要把大禹治水與男人偷吃的類比點破嗎？充滿偉大情操的大禹你，應該知道我想表達的是什麼吧？）

最後還是想提醒一下，當你的樣本數只有二，從兩次的失敗經驗就推論到全部的男人都這樣有點太過情緒化。**不是所有的男人都這樣，對啦，**但大部分是。

我太現實了嗎？

 釘崎

　　馬克、瑪麗，我是釘崎，出社會已經好幾年，快要三十歲了。我有一個以結婚為前提而交往的男朋友，我們同居，感情很穩定，沒意外的話，應該就會結婚了。

　　但是，人生就是有這麼多意外──前年，男朋友被公司資遣了。

　　剛被資遣的時候，他受到打擊，有點消沉，有點忿忿不平，但是還算積極，每天都會打開求職網站，關注相關行業的新聞、職缺，也很頻繁地跑就業服務站。他在就業站的介紹下做了兩份工作，但都不是很順利，做沒多久，就主動離職了。

　　隨著時間一天天過去，他的資遣費和失業補助也花得差不多了，所以我除了負責家裡的租金、水電等開銷，每個星期都還會給他幾千元，讓他至少能有錢加油、買生活

用品、喝喝手搖飲。

　　他也滿乖的啦，不太會亂花錢，煮飯、洗衣服、倒垃圾這些家事也是一手包辦。所以我都告訴自己：沒關係，反正這只是暫時的嘛，就當作是女主外、男主內好了。

　　接著，更糟糕的意外來了……前陣子，我被降薪，底薪從五萬變成三萬五，獎金抽成也減少很多，每個月能拿到的實質薪水比從前少了一大截。雪上加霜的是，房東又選在這時候調漲房租，而且一下就漲了三千！

　　以前我薪水比較多，應付兩個人的開銷綽綽有餘，給男友零用錢更不是問題。現在這樣一來，我每個月都要縮衣節食，每塊錢都要用到極致，心情很糟，壓力很大。

　　經濟壓力讓我不堪負荷，我只好不斷暗示男友去找工作，但他不知道是真聽不懂還是假聽不懂，遲遲都沒有動作，逼得我不得不挑明講。

　　「我有在找了啦，但就沒看到適合的啊！」

「你以為找工作那麼簡單哦！隨便找的話，做兩個月就離職，那樣是有比較好？」

他總有各式各樣的理由；我念多了，他還會擺臉色給我看。有沒有搞錯啊？一邊花我的錢，一邊擺臉色給我看是怎樣？要是那麼有志氣，就不要再跟我拿錢了啊！

前陣子，他不知道哪根筋接錯，說想跟朋友一起創業，想向我借資金。我當然拒絕了，創業哪有這麼簡單？而且我哪有錢借他？講到後來，不歡而散，我和他都很生對方的氣，兩個人都不開心。

有時候，我不免會想，家庭主婦也是這樣啊，為什麼我就無法包容他呢？我們是以結婚為前提交往，難道不該同舟共濟嗎？但另一方面，我也會想，家庭主婦是在家帶小孩，但他是在家玩手遊、看影片耶！而且，不是我不想跟他同舟共濟，而是他已經擺爛很久了。

我心裡同時有天使和惡魔在打架，和他分手，覺得自

己太現實;不和他分手,又怕真要養他一輩子。一邊生他的氣,又一邊對他懷抱罪惡感,真的快瘋了!

馬克、瑪麗,

如果換成你們,

你們會怎麼做?

　　身為一個人生職志就是吃軟飯的男人，我要嚴重地譴責你的行為與思想。什麼叫做「不要再跟我拿錢了啊」，這句話也太污辱人了吧，跟另一半拿錢，讓另一半養我，就是我的人生成就。

　　你想想世界上有多少人必須努力辛苦過活才能養活自己；對老闆低聲下氣，跟假面同事八卦哈啦，這種職場上身體的、心理的勞動我都不需要，我單靠你，就能滋潤地活在世界上。這種人生高度，社會上沒幾個人做得到吧!? 而你竟然說「不要再跟我拿錢了」，你說這句話，就等於在否定我，否定我這個人，否定我的價值觀，我非常地憤怒，我決定要趁你上班的時候躺在客廳的地上十分鐘，作為我無聲的抗議。

　　尤其讓我憤怒的是，這位前輩還會打掃與整理家裡，這在我們爛軟人的社群中是異類般地存在，我們通常是什麼家事都不會做的，我們會把大把大把的時間拿去看劇看漫畫打電動，鑽研我們的興趣。更高等級的前輩還會把錢拿去包養其他人，你在外面辛苦工作，他在外面跟別人風

流快活。而你遇到的這位，已經是我們爛軟人世界中的最低階層，連我們都看他不起，拜託，他還要勞動與做家務欸，笑死人了，真是丟我們爛軟人的臉。

認真給你一點建議啦，像我們這種處於食物鏈中金字塔頂端的族群噢，你是碰不得的。你噢，還是活在社會價值的框框角角中啦，還是有男主外的性別歧視啦，然後噢，明明心中在意得不得了，卻又要用各種說法說給自己聽，安慰自己是個開明的人。**說穿了你就是一個想要被疼愛，想要有人可以倚靠，出門跟姐妹們聊天，想要讓她們羨慕你的生活你的伴侶的人嘛**。不要以為我是在批判你喔，我是要說，這樣的想法我懂，因為這也是我在追求的人生觀啊。但如果一段雙人關係中，兩個人都想依靠人，這樣就不行嘛，就像兩個負極一樣，這樣的磁場吸不起來啊。

聽學長的話，如果你想要一個值得依靠值得信賴的對象，那你就要去找這樣的人，不要再在爛軟人身上浪費時

間。時間對我們來說是沒有意義的，浪費時間這樣的詞彙，不存在於我們的世界；但是對你而言，時間可能就很重要喔，畢竟你是活在社會價值下的人嘛，你有人生進度表，你有「人應該要怎麼活」的刻板印象，既然如此，你就要好好照著計劃照著進度朝著目標去做啊。

想分手的話不用擔心我們啦，金字塔頂端的人到哪裡都是金字塔頂端，我們不管在哪都會活得順風順水，總是會找到下一個 sucker 當我們的宿主。當然我們在分手的過程會哭啊、會裝乖說以後都聽你的啊、會情緒勒索啊、有些兇的會言語羞辱甚至出手的，你都不用太在意啦，那只是我們生存的手段而已。

你要記住你的目標，就像我們都一直知道我們的「吃軟飯」，這**最後的拉扯就是在看誰的心智比較強大，執行力比較高超，比較想達到自己的目標**。如果你因為心軟或是什麼原因而被我們這些手段給留下來，那也只能說你對你自己的人生目標不夠堅持啦，拍拍，活該繼續被我們吸血吧。

明明心中在意得不得了，
卻又要用各種說法說給自己聽，
安慰自己是個開明的人。

男友是恐怖情人

 小Y

我是小Y，今年二十八歲，交過七、八個男友。我自認感情經驗很豐富，但現在遇到的問題，真讓我不知道該怎麼辦。

我跟男友交往五年多，從前年就計劃結婚，跟彼此家長都挺熟。他對我很好，經濟狀況很穩定，基本上一切都沒問題。

最初我會跟他交往，是因為跟他相處很舒服、很自在，什麼話都能聊。我是第一次遇到這樣的男生，就是那種萬中選一的感覺，覺得能跟他走一輩子。

不幸的是，一年多前，他爸媽出遊的時候，竟然被酒駕司機撞，還沒到醫院，人就走了。大概是意外發生得太突然，處理完爸媽的後事，他個性就變了。

他變得不愛講話，不愛出門，懶洋洋的，時常處在低

氣壓的狀態。我想，失去親人打擊當然很大，不僅僅是他，對我來說，熟悉的長輩驟然離世，同樣也很難受。我可以理解他的痛苦，決心陪他度過難關，相信只要隨著時間過去，就會慢慢好轉。

　　漸漸的，他脾氣越來越差，只要不順他意，就給我臉色看，講話也越來越尖酸刻薄。除此之外，他的控制欲也越來越強，無論我去哪、跟誰，都必須向他報備。有時，他甚至會不准我出席活動，最常掛在嘴邊的就是，他父母都走了，最親近的人只剩我，如果連我都失去了，那他活著還有什麼意義。

　　說真的，我很願意陪他，但當這種情緒勒索成為常態，我非常疲勞。有幾次，我勸他去找朋友聊天，沒想到他卻大發雷霆，指責我不關心他、不愛他，甚至用一些侮辱性的言語攻擊我，罵我賤、罵我婊，還詛咒我。

　　我很震驚，也很傷心，氣到轉身就走，他卻跪下來求我，哭得很可憐，發誓再也不會了。我很難受，也很心疼，所以就心軟了。接下來幾天，他真的都很貼心、很溫

柔，好像又變回以前那個我深愛的人。

　　但是好景不常，當我放下心來，他又故態復萌。就這樣一而再、再而三，最後總是以又哭又跪結束。有一次，我要參加部門聚餐，他又失控了，痛罵我勾引別的男人，還出拳打牆壁、用頭撞牆。我哄他哄很久，他都聽不進去，我真的心累，還是出門了，想讓他靜一靜。結果回家後，我就傻眼了。家裡一片狼藉，電視被砸壞，玻璃櫃也碎了，地上還有血跡。

　　我嚇壞了，還以為家裡遭小偷，擔心他出意外，四處找他，卻發現他在房裡呼呼大睡，叫都叫不醒，大概是吃了安眠藥，睡得很熟。我倒在床邊，簡直快虛脫，從沒想過這種狗血的劇情，竟然會活生生上演。看見他沒事，我鬆了口氣，但也好害怕。

　　我一邊收拾家裡一邊哭，卻不知道自己在哭什麼。是覺得他很可憐？還是覺得自己很慘？

　　我知道他生病了，他可能需要看醫生，需要有人陪，

但是，那個人真的只能是我嗎？他現在是摔東西，用言語羞辱我、控制我，但以後會不會演變成打我？每次他情緒崩潰時，我都好恐懼。

我真的快喘不過氣來，好想逃，想過好幾次要分手。但拋下他的話，我不只有罪惡感，還擔心他失控，或是跑到我公司或爸媽家裡吵……對，他曾經因為我比較晚回家，就衝到公司和我家裡去找人，大吼大叫的，差點害我連工作都丟了，還把我爸媽都嚇壞了。

我到底該陪他撐過這關？還是趕快逃？

　　我第一次學到英文單字「naive」的時候覺得很有趣，這個字的意思是「天真的」、「幼稚的」。我訝異一個形容詞竟然同時有正反兩種詞意，天真讓人感覺很純淨無瑕，而幼稚給我的感覺是煩躁弱智。但仔細想想，一個人為什麼天真，是因為他未經世事，不知道現實世界的運作方式，還保有他自己對世界的單純想像，所以給人一種天真感，那其實**天真跟幼稚一樣呀，就是還沒長大嘛**。

　　有這種正反雙義形容詞真的非常好用，當我們的心智要評價別人、覺得別人超幼稚的時候，我們可以說naive，如果別人不知道什麼意思，我們可以向他解釋那是天真可愛的意思。

**　　我們是不是應該開發一個善良／愚蠢的同義形容詞呢？**

　　「你好善良噢。」的潛台詞是：「好蠢！」

　　就這個案例而言，如果你問我要不要繼續陪他撐過難關，我也只能回答：「你真是一個善良的人。」

我想也只有善良的人才有這麼多的煩惱。因為善良，所以拿捏不住人我關係；因為善良，所以想去滿足別人的需要而把自己的需求放在後面；因為善良，害怕被貼上自私的標籤，所以成為被情勒的肥羊；然後也因為想當個善良的人，搞得自己心累又不快樂，吃力又不討好，原本想讓人喜歡，結果沒人把你的付出放在心上。

善良的人請先把良善留給自己吧，借用兩性雞湯中的老話：「只有當你先愛自己，你才有辦法去愛人。」只有當你的付出先滿足了自己的需要，你才不會被關係綁架。因為太多善良的人，把善良這個十字架扛在肩上，可是沒有認清那架上參雜了許多的討好、害怕、恐懼、期許世人如何看待自己的眼光，那樣的善良，只會讓自己越活越不快樂，越付出反而累積越多負面情緒，最終還是會爆炸，你還是不得不離開他；對被照護者來說，他一樣會責怪你怎麼這樣棄他不顧，把你扣上冷血無情的帽子。既然看到了這樣的結局，那為什麼不在一開始的時候就離開，既然不管怎樣都會被扣上自私的帽子，那何不從一開始就早早

抽身，省下許多寶貴的歲月年華，還有過程中那些被辱罵後的心痛與淚水。

善待自己永遠是第一要務，顧好自己。我們脆弱的自尊心本來就已經沒有多高了，還要這樣遭人踐踏，不行吧，好好保護好自己的心，保護好自己的時間，把心力留給值得的人事物，如果不確定誰是值得的、什麼是值得的，再借用投資雞湯的話：「永遠先投資自己。」

善良的人，請永遠先把心力留給自己。

至於擔心對方失控，造成家人與同事的困擾……首先，擔心的事情並不一定會發生。其次，如果你真的擔心一件事，你就為這件事做好準備；先跟家人同事分享自己的處境，讓大家先有心理準備，也讓自己有人可以依靠（面對誇張到不合理的事，一定會有看不下去的人跳出來幫你，不要預設立場，讓自己孤立了你自己）；最後，有一種東西叫法律。這些步驟，任何一個局外人都能明理地看清，剩下的就是你願不願意相信自己的能力，願不願意

向內找到自己在背負著什麼東西，然後**為自己的人生負責前進。**自己的，不是他的。

只有當你先愛自己，
你才有辦法去愛人。

✉ ↱ 🗑 ⋮

啊我就想宅在家嘛

 Bonnie

　　馬克、瑪麗，我和男友遠距很久了，最近因為職務調動，總算能夠共同生活了。決定要同居的時候，我們兩人都很開心，一起布置家裡、挑選生活用品，想到再也不用分隔兩地，真的超興奮的。

　　但是，蜜月期過後，地獄就來了。除了生活、飲食的不同，最讓我崩潰的，就是男友遊戲成癮，玩遊戲玩到六親不認、廢寢忘食，讓我超火大。

　　他每天回家第一件事就是開電腦、進遊戲，連吃飯也是坐在電腦前邊吃邊玩。玩到晚上十一、十二點是基本，萬一隊友都在線上，就更誇張，熬夜通宵免不了，總要我三催四請才肯洗澡上床睡覺。隔天上班起床要死不活，真的讓我很生氣，也很擔心他在上班途中出意外。

　　家事幾乎都我在做，每次請他做點什麼，他總是說

「等等、一下就好了」，然後就是三、四個小時過去。我等到受不了，乾脆自己來，他又很欠扁地說：「我就說我會做了啊！你這麼急幹麼？愛做又愛生氣，搞得好像我故意不做。」是不是讓人聽了超火大！

　　這些就算了，就當他上班辛苦，下班打遊戲放鬆，我可以理解。但就算假日，他一樣窩在家玩遊戲，一玩就是一整天，把我當空氣。不對，我根本不是空氣，我還是女僕、老媽子、佣人！每次找他出去，他總有一堆理由。
　　「最近電影都很爛，評價超差，看了也是浪費錢。」
　　「太陽那麼曬，你不是很怕曬黑？」
　　「今天新聞又好幾個確診，在家比較安全啦！」
　　都給他講就好啦！雖然我也可以找其他朋友陪，但我想和他約會啊！難道同居了，就不用培養感情？
　　我還試過跟他一起玩遊戲，想說既然他不陪我，那我就去陪他。結果玩沒兩天，他就說我玩得太爛，叫我自己去跟電腦玩，先練一下。吼！

我曾經和閨密聊過這問題，得到的回應不外乎「分手」、「拔網路線」、「刪帳號」。我不想這樣，更不想用哭鬧的方式逼他妥協，但我真的無計可施了。

　　仔細想想，同居前，我們常常聊天，有時打字、有時講電話；放假時，也很珍惜難得的相處時光，還會規劃行程、安排旅行。同居後，他放假不出門，晚上都在玩遊戲、和隊友聊天……我跟他聊天的機會反而變少了，真是荒謬。總覺得同居後，他就徹底放飛自我了。

　　我不是沒跟他溝通過，按照他的說法，兩人若是有一天結婚，未來還有幾十年日子要過，為了屈就對方而壓抑自己的本性，這種愛情不會長久。

　　就算他說得有理，但再這樣下去，我怎麼敢跟他結婚，還談什麼未來？

你不適合他，放他自由吧！

　　適合他的人不是你，他不需要一個有這麼多意見，住一起還要培養感情的人；他需要一個能夠包容他一切作為，為他把屎把尿，煮飯洗衣打掃家裡，最好能餵他吃飯，幫他上班，帶錢回家養他的人。通常要找到這樣的人並不容易，世界上原本只會有一個，他是寄生在對方的肚子九個月後，爬過這個人的產道來到這個世界的。

　　沒想到，二三十年後，竟然又讓他遇到了可以寄生依靠的對象。他已經等了好久，想要退化的心終於找到了宿主。你知道當你每次唸他還不上床睡覺，早上賴床起不來的時候，他就像回到媽媽的懷抱一般地安心嗎？你知道當你每次要他做家事，或是別打電動了，他的拖延與不從帶給他多大的叛逆感嗎？**你的存在讓他感覺到「活著」**，讓他在這個人吃人狗咬狗的現實世界中，還保有一點孩童的純真；他沒有辦法反抗主管，沒有辦法反抗社會價值，但是他知道他可以勇敢地反抗你，並藉此確認自己的主體

性，知道自己還是個人，而且被豢養得好好的。

你對他的重要性，現在的他可能還沒有意識到，但是他是非常快樂的，我要替他謝謝你，我也要替全天下有可能擔任你這個角色的女人謝謝你；畢竟這是一個吃力不討好的辛苦工作，犧牲自己的想望成就別人的舒服。

古時候女人抱怨兒子有了老婆就忘了媽媽時，總是會說：「唉，這麼辛苦幹麼，還不是在幫別的女人養老公。」但是我覺得你的情操更偉大，你是在幫別人養兒子呀！

很可惜的是，我在你的來信中看到了太多的抱怨，聖嚴法師告訴我們要「歡喜做，甘願受」。我知道你很辛苦，但是看到你這樣做得不甘不願的，我在讀信時也讀得很痛苦。不如你就別做了吧，讓他自由，讓他在追尋母親的路上可以遇到做得更歡喜更甘願的人，**你也放下肩上的重擔，放生這個沒有血緣關係的兒子。**

這樣，對雙方都好，尤其對你的人生來說，特別好些。不過，對這世界上母愛氾濫，渴求感情的廣大女性朋友們來說可得小心了，不知道這個燙手山芋會傳到誰的手上呢？

你決定就好

 蘇菲

Dear Marcy：

收聽了好久的節目，從高中、大學到就業，謝謝你們陪伴我的青春。再過幾個月，我就要結婚了。即將邁向人生下個階段讓我雀躍不已，但隨之而來的是更多煩惱。

我和未婚夫相識相知超過十個年頭，他對我很好，籌備婚禮的同時，我們的新家也正在裝潢。這段時間，我們真的非常忙碌，每天下班後，都必須決定各種瑣碎的裝潢、婚禮等細節；每個假日，也都被監工、選家具、拍婚紗照、挑喜餅等行程塞滿。

由於要處理的事項太多，我們原本平靜的兩人世界裡突然多了許多陌生人，除了裝潢師傅、婚禮顧問等，還充滿了對方的親友。

該說未婚夫很隨和嗎？無論是婚紗照、喜餅、場地，

他都沒有意見，就連我們的新家，他對格局、擺設這些也都沒有想法，全權讓我決定。

　　他老是說「你決定就好」、「看你啊」、「隨便」，看似很開明，實際上卻為我帶來很大的困擾。婚禮是我們一生一次的人生大事，新家是我們未來要住幾十年的地方，他這種不在乎的態度讓我挫折感很深，感覺根本沒把這些事放在心上，我提供選項讓他二選一，他連點頭搖頭都辦不到。

　　Anyway，在我一手包辦的狀況下，新家仍然漸漸裝潢好了。始料未及的是，當我們搬到新家之後，他媽媽，也就是我未來的婆婆，竟然開始頻繁出入我們家，自作主張地移動家具。她一下挪桌子、一下添椅子，完全沒問過我們的意見，就把閒置多年的老舊家具都塞過來，沾沾自喜地說自己很會保管東西。前幾天，甚至還要求我們多打一副新家鑰匙給她，方便她隨時進出。

　　由於對方是未來的婆婆，我不方便說什麼，不止一次告訴未婚夫，希望他和媽媽溝通，不要一股腦地把我們不

需要的東西塞過來。

　　但是，未婚夫對這件事的態度，就和前面所提及的一樣。他壓根不在乎我們的家被擺放成什麼模樣，只要可以睡覺就好，所以他完全不明白我不高興的點。甚至還對我說，既然我都能接受裝潢師傅、工人來家裡，為什麼不能接受他媽媽來呢？既然我都要成為他們家的一分子了，怎能這麼小心眼？

　　我真的感到很沮喪，彷彿被扣了頂大帽子，這樣還叫「我決定就好」嗎？還是他的意思其實是，不管「我決定」或是「他媽媽決定」，總之不要是他決定就好了？

　　人家都說見微知著，幾次和未婚夫溝通未果後，我現在對我們未來的婚姻生活無比擔憂。但現在喊停的話，籌備中的婚事怎麼辦？房子怎麼辦？

　　馬克、瑪麗，你們說，這婚結好？還是不結好？

塊陶啊！！！！！

不知道你現在過得好嗎？我的擔憂來自一般人在面對這種情況時，通常會**睜一隻眼閉一隻眼，假裝問題會自動好轉似地繼續結婚**。因為這個決定的摩擦力最小，最不用去收拾後續，不用跟雙方親友解釋，不用處理房子，不用分手，代價只是賠掉自己的下半輩子而已，很划算吧!?

「有始有終」有時候是一種框限住我們思考的僵化思維，覺得頭已經洗了，就要把頭洗完，覺得一定要堅持到最後才是對得起自己過去的努力，不然之前的付出算什麼？我們在做決策的時候常常沒有辦法忽略沉沒成本，但是偏偏沉沒成本就是我們在選擇時最不該考量的事情。

之前的付出已經付出，我們要學會的是不該讓未來繼續承擔過去犯下的錯，盡快地停止錯誤，將損失控制住。投資失利是如此，工作上了賊船是如此，感情所遇非人也是如此，這是停損的重要。

信中的未婚夫，凡事以和為貴，所有事情你做主就

好，這麼「隨和」的人，也許在交往期間你都覺得很開心沒問題，因為什麼事他都順著你。但是只有到了結婚時，你才有機會拜見生養出這個無個性仔的大魔王，她的權力與魔法早已根深蒂固地埋在這個魁儡的心智中，你跟他不管交往了幾年，共同保有多少的快樂時光，或是你自以為成功的男朋友變好老公調教計畫，這些全都沒辦法敵得過他揮之不去的童年陰影。

　　陰影不是指他有個不快樂的童年，被暴力對待、冷落遺棄，而是在母親強大的權威之下，從小習得「媽媽永遠是對的」、「不要違逆母親」的適應性兒童人格。就算現在他看起來是個成年男子，但是只要一遇到與媽媽相關的事情，他會自動地回到順從、想保護媽媽的乖兒子角色。

　　當你的交往是以結婚建立家庭為前提，然後你遇到了這麼一位孝順、沒脾氣、顧家、聽話、任何事都以你為主的男友，請先別急著覺得自己中了大獎，如果他的媽媽還健在，及早去與未來可能的婆婆相處吧，觀察她有哪些點是自己無法接受的，太愛插手管閒事、太節儉、想

跟你爭奪兒子的愛，或是，她根本就不喜歡你。

這時候你要謝天謝地，我知道人都是希望被喜歡的，你跟男友走得好好的，為什麼未來的婆婆會看你不順眼，難道因為婆婆的關係就要跟這個相處得很好的男生分手嗎？對！快分！這是你的福氣！**省得未來婚後在婆媳兒的三角關係中，你永遠只能取得敗績，永遠是二比一的一。**

想想這樣的日常：自己的界線常常被婆婆侵犯卻求助無門，因為跟老公反應也只會換得吵架或冷戰，沒有人會為你挺身而出，就算自己為自己據理力爭，也只會把整個家的氣氛搞得烏煙瘴氣，讓自己情緒遍體鱗傷。

你要感謝未來的婆婆不喜歡你，她是在幫你省下了要不要離開他的決定，幫你省掉了後半生的麻煩。有些人會說：為什麼兩個人的感情要被第三人給影響？會說這句話的人是不經世事的年輕。除非你們有足夠的力量維持你們兩人的小天地，這邊的力量包括了內在對抗情緒勒索的力量、對抗世俗對於「孝順」的社會價值，外在上能夠經濟獨立自主不依靠父母，簡單說，就是能做到私奔啦，否則

不好意思，你就是得將彼此的家人納入考量。

　　也有人會說，遇到困難就逃走，不試圖去克服困難，是草莓的行為，做人應該要越挫越勇，把吃苦當作吃補，如此才能成為更強大的人。我是滿反對這種自虐式的生活態度的。我覺得我們有能力也有義務去選擇自己的環境，選擇跟什麼樣的人在一起，打造出自己想要的生活圈。

　　我希望我的身邊圍繞著的，是懂得欣賞我、支持我、給予我力量的人；而不是看不起我、挑剔我、刻意為難我的人。我們生下來的目的只有一個：就是把自己的人生過好。活著不是為了要討好誰，為了要達到什麼目的而卑躬屈膝，踐踏自尊。遇到想踩踏你的人，避開就是，沒必要浪費自己美好的生命去跟這樣的人瞎耗。（這番話的前提是，我知道我是個有禮節知進退的成熟大人，所以我沒有必要去忍受他人對我的刻意刁難與無禮對待。但如果你的個性跟〈只是曖昧而已〉的主角一樣，那你需要被態度矯正，請努力克服他人為你設下的人生關卡。）

　　還有人會說，以前我婆婆也不喜歡我，但是在我的努

力之後，她看到了我的好，現在接納了我，雖然偶爾還是非常偏心，但跟以前比已經好很多了。我想問，到底為什麼啊？到底為什麼要把自己的身段放得這麼低？到底為什麼要迎合別人過活啊？如果你為了愛一個男人願意做到這樣我覺得很偉大，但為一個不敢做決定、不會捍衛你權益、又無法溝通的男人，你確定？

　　結婚不是必須，當你把結婚看成一個人生必須打勾的事項，因為這個必須，你就有時間壓力，而人在有壓力的情況下會判斷失誤，葬送未來的大好人生。**人生要努力的，只有正直、善良、開心的活著，其他一切的追尋都是次要**，不要因為次要的追尋而把自己搞得不開心，那就是本末倒置了。

我爸就是爛

 天然

馬克、瑪麗，跟你們講一件很狗血的事。

我爸和我媽是一般上班族，而我正在半工半讀，一邊準備考研究所，一邊打工。本來我們的生活都很正常，但是自從我爸退休之後，一切都變了。

不知道我爸是因為退休、失去生活重心，還是男人老了只剩一張嘴，他開始東念西念，看什麼都不順眼，從我的研究所科系念到補習，從我的穿著管到門禁，不管我做什麼，他都有意見。

這些都算了，看在他是我爸的分上，我忍。但是前陣子，我突然覺得有點奇怪，怎麼前幾天才領了好幾千塊，明明沒買什麼，皮包裡的鈔票卻一下就花光了？剛開始，我以為是自己記性差，沒想到某天晚上，我半夜起來喝水，卻發現我爸在翻我和我媽的皮包，對，你們沒看錯，我爸他、偷、錢！

當下我太震驚，腦子一片空白，完全不知道該怎麼辦，只好躡手躡腳地回到房間裡，整晚翻來覆去，根本睡不著。接下來的幾天，我根本沒辦法直視我爸，好想對他發脾氣，更不知道該不該告訴我媽。

　　雖然我什麼都沒說，但可能我演技太差，沒辦法裝作若無其事，反而讓我爸很不爽，常常罵我態度差。但我真的搞不懂耶，他自己做了這麼卑鄙的事，還反過來怪我態度不好，臉皮也太厚了吧！

　　更扯的還在後面，發現我爸偷錢之後，我竟然還發現了他外遇！有一次，我提早回家，看見有個不認識的女人從我家出來，和我爸有說有笑，不只勾肩摟腰，還牽手。我爸發現我之後，臉不紅氣不喘，很大方地介紹那女人給我認識，說是他以前的客戶，要我叫阿姨。最好是客戶會摟摟抱抱，還趁我媽不在家時，孤男寡女共處一室。

　　更糟糕的是，這只是第一次而已。接下來，我爸越來越囂張，越來越光明正大，我無意間還發現，他竟然騙那

個阿姨說，他老婆（也就是我媽）已經過世好幾年了。我爸可能覺得我是小孩，沒辦法拿他怎樣，知道我知情後，居然還叫我好好念書，不要胡思亂想，少管大人的事。

這下好了，我不只沒辦法直視我爸，也沒辦法直視我媽了。每天在家都覺得很痛苦、很難熬、很想逃。

我到底該不該告訴我媽，我爸偷錢及外遇的事？告訴我媽，會讓她傷心；不告訴她，又很像在騙她。而且，我媽知道之後又能怎樣？談判？離婚？一哭二鬧三上吊？那我爸咧？他會不會狗急跳牆，大吵大鬧之類的？為什麼我爸會這麼爛？是因為他退休了找不到事做，想找個人崇拜他，才會這麼脫序嗎？

愛情真是太不可靠了，男人也是，就算結婚、有小孩了又怎樣？到最後還不是跟我爸一樣。看他們這樣，我根本不想談戀愛，更不想結婚了啦！

馬克、瑪麗，如果是你們，會告訴媽媽嗎？如果你們發現對方的另一半外遇，會告訴對方嗎？

勿殺信使 Don't Kill the Messenger 。

「吳人告敗於王，王惡其聞也，自剄七人於幕下。」──《左傳》哀公十三年 [3]

醫生為人治病，卻很少被病人喜愛，因為病人是從醫生口中得知壞消息的。我們不喜歡壞消息，不喜歡到會連帶討厭傳遞壞消息的人。

在「有話直說、不吐不快的正義使者」與「莫管他家瓦上霜的明哲保身」光譜中，你偏向哪一邊呢？

衝動的人藏不住話，常常一得到片段資訊就要上戰場跟人輸贏，任由自己的「正義感」和混亂的情緒興起一場腥風血雨，滿足了心智「我要看到血流成河」的嗜血渴望，卻也把自己弄得難以收場。每當夜深人靜回想才覺

3　春秋時期越襲吳都之戰，吳王得知戰敗的情報後，因為不開心聽到這個壞消息，當場親自把七名傳令人給殺了。

得，自己到底是為了誰奔忙？除了情緒的一時抒發外，你獲得了什麼呢？最後正義有得以伸張嗎？當事人有對你感激零涕嗎？她有因為你的「挺身而出」而過得更好了嗎？

或者我該問，你跟她，還是朋友嗎？

我們以為世人都是講求公平正義的，說真話、揭露假面，會受到獎賞。事實上，**有能力承擔真話的人是少數**，我們內建了一個認知失調的模組，腦子想得很理想，但實際上並不想面對。當被問到「你要聽實話還是謊話」時，大多數的人想都沒想就會回答「當然是實話」，**但我們想聽的是「好聽的」實話，而不是「真實的」實話**。少部分的人會直接拒絕聽實話，也許是對自己沒自信，或是隱約知道事有蹊蹺，逃避雖然可恥，但至少暫時有用。

關於實話，當我們接觸到訊息時，我們得先評估一下，我們接觸到的事實就是全部了嗎？你如何確定你所謂的「真相」就是真相呢？事實來源是不是來自單方觀點？

在這件事上，世界上有沒有比我更懂的人？有沒有人可以拿到比我更第一手、更直接、更貼近事實的資訊？有沒有可能我相信的一方說謊，隱匿部分事實，為了讓事件看起來對他更有利呢？

查理蒙格：「除非我能比我的對手更有力地反駁自己的立場，否則我沒資格擁有一種觀點。只有在達到這個境界時，我才有資格發表意見。」

事實與理解有許多層次，當我們越往下做越深層的探勘和思考，我們能發現的立場與觀點也就越多。很多時候，**所謂的「事實」，連當事人自己都不太理解，遑論旁觀的我們。**當事人只希望能拉越多人站在他那邊越好，越多人幫他發聲越好，他的心智渴求 drama，而我們能做的，是小心挑選戰場，遠離他的心智風暴，他想搞得越誇張越戲劇化，但我們不需要把自己寶貴的時間賠上。

另一種情況，你為你的調查感到自豪，對壞蛋提起公

訴，但被害人卻完全不領情！你發現好友的另一半劈腿，你氣急敗壞地告訴好友，你以為你是在揭露事實挺好友，沒想到卻被指為是破壞朋友感情的壞分子。

有時候，我們的潛意識可能知道哪裡有點不對勁，但是我們在意識上拒絕去承認；對於不利於我們的資訊，我們就不去看不去聽不去想，好像這樣，這些壞事就不會發生一樣。

買了股票後就不認同市場上的壞消息，對支持的政黨所做的壞事照單全收，對另一半出軌的鐵證視而不見，因為我們天性就不喜歡承認錯誤，不想面對自己做出的錯誤決策，買了不該買的股票，支持了不該支持的政黨，交往了不該交往的人。

裝睡的人叫不醒。

當信差是一門學問，傳好消息的時候當然沒問題，皆大歡喜的事多多益善，但麻煩的是要傳遞壞消息的時候。

你要夠了解當事人，能夠預期她的心理反應，要對溝通與表達有高超的心理學技巧與反應能力。否則**在我們還沒有這方面的準備前，不要輕易地去挑戰這個職位。**

我知道你想說：「但是我現在這樣憋著好痛苦啊，我要怎麼面對她啊，還有你這樣叫我們不要去揭穿人家，不就稱了渣男渣女的意了嗎？他們的惡行永遠不會被揭穿，可以逍遙自在地繼續這樣欺負人過活欸。」

首先，有祕密的時候就會想著說出來有多暢快，可以揭發惡人的假面，拯救朋友。但這些都是當下的一時爽，**心智想要當英雄，它催促我們當下去做的行動，對長遠來看，常常都沒啥幫助，甚至是有害無益的。**當個揭穿事實的信差，會讓你身陷別人的家務事，搞得焦頭爛額兩面不是人，渣的一方會威脅你，被劈的一方也不會感激你。為了一時的宣洩換得提心吊膽與關係破裂，不值[4]。

最後，因為有著爛爸爸就不相信男人，因為遇到爛男

人就再也不相信愛情的這種想法，就像一個人不去買彩券，那麼他永遠不可能中大獎。不過他的確可以保留下買彩券的錢，也不用經歷開彩沒中的失落。**都是個人選擇。**

最怕的是明明嘴上說再也不要，心中卻默默期待大獎降臨的人。知行不合一的結果超級悲慘，愛情詐騙、交友軟體詐騙、投資詐騙最後得手的，通常是這種人。

活得誠實點。

至於到底為什麼男人會這麼爛的問題，我們改天再開一篇新的文章跟大家說說。

4　當然，如果你的好友是個自省能力極強，行動力超群，知行合一又當機立斷的人的話，那就去盡你身為好友的責任吧，去當個傳遞消息的信差，幫她一把。記住：忠臣需配良君，只有在對方有能力接收的情況下提出建言，才是真正好人的表現，否則你可能需要想一下，你這麼想當壞信差，背後的動機到底是什麼。

活得誠實點。

假面模範丈夫

 憤怒的飆高眼尾

Hello，馬克、瑪麗，我是眼尾。今天寫信來，是因為我太難受了，很想找你們發洩，聽聽你們的建議。

我有群閨密，每個月都會出來聚餐、家族旅遊，所以我們和彼此的老公、小孩都滿熟的。當中小芳和她老公從大學時期開始交往，感情一直很穩定，出社會後沒多久，兩人就結婚了，女兒剛滿兩歲。

小芳三不五時就會在閨密群組裡放閃，她老公從來不會忘記各種節日、紀念日，也很積極分擔家事、帶妻小出遊，FB、IG 上也全是家人合照，或是寵妻貼文。每次只要小芳老公發文，下面滿滿都是稱讚他好丈夫、好爸爸的留言，妥妥的模範夫妻。

直到某天，我另外一個群組分享了幾部素人自拍的活春宮外流影片，點開來後發現那個男的竟然是小芳老公！

而女生不是小芳！我以為眼花，把影片重複看了好幾次，還截圖下來放大看個仔細，但影片有好幾部，是不同時間在不同的汽車旅館拍的，真的是小芳老公沒錯！

我渾身冷汗，心想怎麼會這樣，但也不敢貿然告訴小芳，決定先打探一下他們的狀況，畢竟這種事情真的很難啟齒跟對方講。我雖然心裡猶豫，但因為我自己也有家庭，如果角色對調，換成小芳發現我老公外遇，卻沒告訴我，我一定會受到雙重打擊的。

於是我藉口好久沒有聚會，要在我家來場 ladies' night，費了一番心力把先生孩子支開，跟小芳約在我家小酌。我本來想直接跟她說我看到了什麼，但真的好難開口，她看我一直支支吾吾，也不知道我到底要幹麼。花了很長的時間我才邊哭邊把話說出來，她看到我哭也跟著一起哭了，她說她也覺得有點怪怪的，可是又說不出哪裡怪，那天晚上我們一起哭了一整晚。

幾天後，我在閨密群組又看到了小芳放閃的照片與訊息，就跟什麼事都沒發生一樣，看到她的文字，我想她應該已經想清楚了，她不打算離婚，所以決定當作沒有這件事發生。她沒有找我聊後續，我一個外人也不好再說什麼，但是看到他們恩愛的照片，我真的覺得好諷刺。

　　雖然很無奈，但換成是我，可能也會做出類似的決定吧⋯⋯可是我真的很氣，尤其每次只要看到社群上小芳老公的發文，又在那邊無恥地扮演好老公、好爸爸，就覺得有夠噁心，好想好想跳出去揭穿他的假面具。但我知道不能這麼做，只能全部吞進肚子裡。我只希望現在的生活，真的是小芳想要的，儘管對小芳的處境感到心痛，但我真的無能為力，想聽聽二位對於這樣的事情有什麼看法呢？

1. 手機還是用來講電話就好。

2. 偷吃切記：留下的證據要越少越好。

3. 表裡不一的人真噁心。

4. 論經濟獨立和家庭完整的重要性。

5. 孩子是無辜的。

6. 好看嗎？

　　關於做作、造假和虛偽，我們有著本能上的厭惡，我們喜歡表裡如一、眼見能夠為憑的真實，因為這樣我們就不會上當、被騙、被愚弄，這樣的世界比較美好與簡單。

　　偏偏人很複雜，**為了自己的慾望可以犯下許多不可告人的事**，一方面明知這些事情不容見於社會，一方面粉飾太平遮掩自己的犯罪行為。有的人會因為受不了這樣的認知失調而在生活行為上出現異常，過大的精神壓力會讓人暴哭、失眠、轉向發洩性的上癮行為，如花大錢、買醉、性。而有的人卻能像沒事一樣地活得順風順水，繼續招搖撞騙。這種毫無道德感的反社會分子，讓人恨不得除之而後快。

我們想要揭露這類人的假面具,將他們從我們之中揪出來,讓他們從此再無立足之地,這種渴望,混雜了「我這麼守規矩地依照社會價值過活,為什麼他可以離經叛道而且得到好處?」與「我要保護我們的世界,讓這些糟糕的人受到處罰」。嫉妒與恐懼驅動了我們,如果我們沒有意識到這點,我們也不過是暗黑心智的魁儡。

網路上查了查「雙面人」相關的檢索,沒找到什麼深刻的論述。倒是有些關於「揭穿謊言」、「揭穿假面」的想法,值得我們好好想想。

一、場合與空氣

我們在生活中經常可以看到有人吹牛,總是有這種喜歡高談闊論、自以為是的人,有時候一聽就知道是假的事情,但我們需要追問與戳破嗎?被揭穿的人會極為尷尬,顏面掃地,如果他是個小心眼的人,你不知道何時他會突然反咬刁難你,那麼何必為自己樹立一個敵人呢?

另外，揭穿謊言一時爽，一直揭穿一直爽，但這種你自己爽，其他人在場的人都不爽的舉動，就是低情商的表現。別人不會認為你很正直，而是覺得以後要提防你，因為你不會為人留情面，不懂做人基本的道理，那跟你出現在同一個場合，就有高機率會感受到不愉快的體驗。

　　要想維繫良好的人際關係，必須要懂得不揭穿的道理。管好自己比什麼都重要；**人際交往中不需要我們的心直口快，對別人的謊言，看在眼裡就好**，說出來往往會惹得雙方都不痛快。

二、權謀論

　　要不要揭穿得看你和對方的實力，如果你的實力遠大於對方，那揭穿也無妨，開門見山說亮話，也直接讓對方知道這一套對你行不通；但如果彼此實力相當，可能就要斟酌一下，推演揭穿後對彼此的互動會產生什麼影響。

三、道家

揭穿了也不一定會改變什麼，不揭穿也不一定什麼都不會改變，沒有什麼事是絕對的，生活就是這樣。

四、高情商做法

當一個人說謊的時候，我們不想揭穿就避而不答，附和地笑一笑，繞開話題也就過了。看破不說破。謊言除非對你有不可避免的損害，否則就當看破一個人的嘴臉就好，揭穿後多個敵人何苦？以後儘量不要接觸就是了。

人際關係就像浮雲來來去去，而且隨著年紀漸增，你會發現留下來的朋友越來越少，**當你發現了看不下去的人，看不慣的行為，**離開便是。每個人有每個人自己的課題要面對，小芳的老公要繼續維持假面，小芳的婚姻要繼續維持假面，那些是他們的選擇，不是你的，也與你無關。

你可能會說，怎麼會無關，小芳是我的朋友，看她這樣我很難過，這跟我有關啊！你已經盡了你身為朋友的責

任與義務，她也做出了她的選擇，接下來就看你要不要當個好朋友，尊重她的選擇，在身旁陪伴她。**你覺得的好，不一定是真的好，就算是真的好，也要當事人願意接納才有效。**當個高情商的道家，看破但不說破，專注管理好自己的心智和行為，這才是個成熟的人應有的作為。

file026
憂鬱的男友要分手

 佩嫻

　　哈囉，馬克、瑪麗，我是佩嫻。抱歉，今天寫這封信，要分享的不是有趣快樂的事情，而是最近讓我很心煩、很心痛，也很憂鬱的事。

　　我今年準備升大三，男友是大我一歲，和我同校不同系的學長。

　　我們讀的是一所還算不錯的國立大學，同學們都還算滿有目標的。雖然我才要升大三，身邊已經有很多人在準備考師培、修教程，或是考研究所、國考等等，我也不例外。而男友因為扁平足的關係，已經確定不用當兵了。據我所知，有很多同學、朋友都很羨慕他，畢竟他比別人多了好幾個月的時間。

　　但是，得知這消息的男友非但不開心，整個人反而像洩了氣的皮球，提不起勁，只要有人聊到生涯規劃的事

情，他就擺臭臉，不知道在不高興什麼，還怪人家破壞氣氛，要大家聊別的。

　　我本來以為他只是心情不好或低潮，過段時間就沒事了，但一個月過去，兩個月過去……他沒課的時候，都把自己關在房間裡玩手遊，放假也不出門。和我傳訊息、講電話的時間越來越少，平常都面無表情，最開心的時候就是打遊戲、逛討論區。

　　他媽媽很擔心他，還曾經私底下找過我，要我找個時間跟他談一談，或是帶他出去走一走。我照做了，結果他超憤怒，咆哮罵我什麼都不懂，我還比他小一歲，輪不到我跟他講人生大道理，又把自己關進房裡。

　　他簡直就像渾身長滿刺，只要有人靠近他，就會被他扎得滿頭包。我很想鼓勵他，也很想支持他，但是跟他談了幾次都沒結果後，我心有餘而力不足，只好勸他尋求專業幫助，比如去看身心科門診之類的。他聽我這麼說，更

是氣到不行，說他就是憂鬱症，這輩子都不會好了，叫我滾得越遠越好，再也不要和他聯絡了。

我不知道他到底為什麼會變成這樣？明明他以前很樂觀、很積極的啊！我們還一起勾勒過很多對未來的夢想，為什麼他會突然變成這樣？

我真的很想幫他，但可能我表現得太煩人了吧！結果他在學校到處放話，說我們已經分手了，我卻拚命纏著他，害我在學校裡遭到異樣的眼光。

他媽媽向我道歉，朋友也都勸我，他這樣自暴自棄，根本沒什麼好留戀的，叫我不要管他了，顧好自己的未來就好，不要被他拽進地獄裡。

我內心也知道，卻忍不住有罪惡感，好像明明能拉他一把，卻放開了他的手，眼睜睜看著他沉下去。

馬克、瑪麗，我到底該怎麼辦？我好希望他能就醫，趕快好起來。我們一起做過的那些夢、那些計畫，全都化成泡影了，我真的好不甘心、好不甘心！

　　因為這封信，我剛剛上 twitch 看了一個小時。看直播主一邊打遊戲一邊跟觀眾聊天，我的時間就這樣默默地不見了。他們在玩的那些遊戲，有的我根本不知道他們在玩什麼，目標是什麼、要怎麼樣才算過關，就只是看一堆聲光效果、特效動畫，咻咻咻、咻咻咻，我的時間就這樣不見了。

　　一邊看我一邊在想，「哇，玩遊戲聊天直播也可以賺錢」，這個活動好像很不賴，我要不要也來試試看，畢竟開遊戲直播的重點好像也不是遊戲；我看到的主播她在玩的是「線上麻將」，這樣也行！？而且她的牌技也不高強啊，主體是跟觀眾聊天互動吧。聊天這件事我行啊，做廣播也是每天在跟聽眾聊天嘛，那我要不要兼職來做個遊戲實況主試試？

　　這個起心動念一轉起來之後不得了，我開始觀察實況主的設備，想說我要添購些什麼，要不要開啟 VTuber 的虛擬頭像，人設要走什麼方向，我在遊戲實況主中有什麼競爭力，別人為什麼要來看我玩遊戲？

想了一輪以後才驚覺，對啊，別人到底為什麼要來看我玩遊戲？我遊戲有玩得比電競選手好嗎？沒有。我能把遊戲玩得比別人好笑嗎？不行。我有漂亮的臉蛋和身材嗎？沒有。我能像一些實況主燃燒生命在直播，不眠不休，有抖內就加班加到天長地久嗎？不行。那我開遊戲實況幹麼？

為了錢嗎？但是我賺不到啊。
為了興趣嗎？

　　我稱不上是一個遊戲愛好者，但是是個很容易對遊戲沉迷上癮的人。會在電視電腦前看人家打電動，就算我自己完全不會玩也會看到沒日沒夜。我的青春不知道有多少個晝夜花在打電動與看人家打電動上，每天打個六七個小時，凌晨再看三四個小時，直到早上六七點才睡。下午醒來後又繼續重複這樣的行程，日復一日。那幾年糜爛的日子現在回想起來真是有夠浪費生命，但是**就算知道這樣不好，我還是很容易陷下去。**

這樣的我，算是對遊戲癡迷，遊戲是我人生的興趣嗎？很遺憾的，不是。

　　我只是藉由那些吸引人注意力的聲光效果，麻痺自己不知道自己在幹麼的人生，我有夢想、我有目標，可是我沒有決心與行動力去做。我想振作、我想努力，可是打電動或看人家打電動好簡單，我只要躺在床上什麼都不要動，腦袋什麼都不要想，時間就這樣過去了。在遊戲中我煩惱的事很單一：如何破關，如何擊敗電腦。我有清楚明確的任務關卡，遊戲設計師都為我規劃好了，不太難但也不容易的挑戰，要過關需要點運氣，而且每次過關還會以為是自己的技術成長了，其實只是背後的參數調整而已。玩家過不了關的心浮氣躁也是遊戲體驗的一部分，在你受不了的時候提供你入金的選項讓你取得捷徑，有了寶物後可以更快破關了吧，什麼，竟然不夠強，那再入金、再刷卡、再抽獎、再取得更強的寶物。遊戲還把一群同樣腦波弱的人聚集起來組建公會，讓真實玩家彼此產生羈絆，認為自己是在為群體的共同目標努力著，而那個

目標說穿了，不過就是幾行程式碼而已。

　　真是有夠浪費生命，但是反正我對我的生命也沒什麼特別的期待，不如就在遊戲裡跟夥伴們共同打拚吧。

　　每個人有他自己的選擇，也許他跟某些實況主一樣，認為遊戲就是他的人生；也許他跟當年的我一樣，遁入遊戲世界只是因為舒服與逃避，不管你是他的媽媽還是女朋友（或是這兩個角色對他跟對你來說都很模糊），你都沒辦法使上什麼力，**有意義的實質改變必須靠當事人自己，從自覺到超越，從逃避到負起責任。**

　　另外，當年在那種糟糕情況的我也是有女朋友的，也許這麼說有點無情，但當時的感情關係可能本身就是一個想讓人逃避的壓力源，我的身心都在對我吶喊著：「這個對象不對！」「不要跟她在一起！」「你根本不愛她！」神奇的是，我的遊戲成癮爛軟生活，到下一段關係時就不藥而癒了，因為我喜歡她到無時無刻都想跟她在一起，哪裡還有心思去管什麼遊戲。當然你的學長男友不是我，我

們的狀況應該也不一樣，但我想說的是，不用為你無法幫助你的另一半而感到難過，你的離開也許才能讓他找到自我救贖的方式。你的放手不一定會讓他沉下去，反而讓他有面對自己的契機。他如果能把握這個機會，他可以朝個體化邁進，蛻變成更好的自己；如果自怨自艾自暴自棄，那也是他的選擇、他的命。

分

DONE

到底出了什麼問題？

我又沒怎樣

 花花

　　馬克、瑪麗好，我是花花。昨天是我生日，可以跟我說聲生日快樂嗎？

　　昨天幾個同事、朋友幫我慶生，選了一間我很喜歡的餐酒館，度過了一個很不錯的生日，唯一美中不足的是，已經分手的前男友 Ian 居然沒有來。

　　Ian 和我同公司，人長得高高帥帥的，個性幽默，也很會帶氣氛，是我們部門的紅人。我們是一年前分手的，分手的原因就是個性不合，因為還在同公司嘛，所以我們分手分得很和平，分手後也還是朋友……不過，自從 Ian 幾個月前交了新女友之後，我和他之間就變得怪怪的。

　　首先呢，他不再關注我的 IG，在公司裡看到我，也不會主動打招呼或聊天。就算我主動去找他講話，他也只是點頭搖頭，回應得很敷衍，而且不誇張，他站得絕對離

我至少有兩公尺遠。

　　我曾經想過，可能是因為他交了新女友，想避嫌，而且他的新女友也是公司同事，只不過是別部門的。

　　其實我真的有點不是滋味，就算分手了，大家都還是朋友，有必要做到這樣嗎？但既然這是他的選擇，我也沒辦法說什麼……不過，我現在真的很爆炸。

　　因為啊，昨天生日聚餐，Ian 不是沒來嗎？後來我回到家，就傳 Line 給他，要他祝我生日快樂。朋友嘛，祝福對方很正常吧！這點要求應該不為過吧？沒多久，訊息來了，Ian 就真的只回我「生日快樂」這四個字，其他什麼也沒說。我超傻眼，接著又傳訊息問他怎麼這麼冷淡。

　　結果，馬克、瑪麗，你們知道嗎？Ian 竟然回傳一封落落長的訊息，說他女友很介意他和我聯絡，所以他認為我們只要維持公事上的互動就好，並且希望我不要再傳訊息給他了，就連社群軟體上的互動也不要有。

　　啥？有沒有搞錯啊？我真的覺得很扯耶！我們怎麼說

都還是同事，Ian 這樣講，是要我們連朋友都別做了的意思嗎？他女友也太小題大作了吧？而且，為什麼我要因為他女友介意就照辦啊？難道她是因為長得很普，才這麼沒安全感？但是，她沒安全感又不是我的錯，我又沒怎樣，為什麼我必須配合她的需要？哪來的公主病啊！

　　總之，我真的太委屈也太憤怒了。馬克、瑪麗，你們評評理，這應該不是我的問題吧？我真的好想故意去做些會讓 Ian 女友誤會的事，讓她知道她惹錯人了！

呃，要怎麼說才比較委婉呢？

你就是我在生命中想避開的其中一種人。

生日快樂啊～

分手討債？

 小蝶

　　馬克、瑪麗，你們有沒有遇過那種斤斤計較到令人傻眼的王八蛋？很不幸的，我遇到了。

　　事情是這樣的，我跟前男友……姑且叫他小垃，因為他就是個垃圾。我跟小垃交往一年多就分手，原因並不是劈腿、約砲這類王道劇情。主要是因為這一年多來，我發現小垃沒什麼擔當，也沒什麼上進心，平日就會耍耍嘴皮子，不是可以長久走下去的伴侶。考量到我年紀不小了，於是我果斷提出分手。

　　雖然是我主動提分手的，但我對小垃的印象到那時為止，都還不算太差。因為小垃雖然沒什麼進取心，但我們相處得還不錯，幾乎沒有吵過架；要是我再年輕個幾歲，或許會願意跟他多相處幾年。可惜我已經是個老妹，沒有那樣的餘裕了。

　　殊不知，在我提出分手後，小垃說的第一句話不是挽

留，也不是平靜接受，而是要我把他送我的禮物還給他；甚至還叫我拿出手帳，把我們每次出去約會的飯錢算清楚，把錢還他。

我當下腦袋一片空白，就連我家寵物過世，都沒這麼錯愕。不料，我都還沒消化完那幾句話，他想了想，又說：「不對，飯錢很容易算，但有些禮物是消耗品，你都已經用完了，不如就折換成現金好了。還有，你之前說過要送我顯卡和 iPhone，但是因為沒搶到，後來就沒送，也折算現金吧，這樣你就不用再跑去買了。」

我當下真是震驚到無以復加，還以為他又在耍嘴皮，沒想到他過沒多久，還真的列出張清單，塞到我手裡，要求我在月底前付清。

我看著手裡那張清單，差點就飆出髒話。要這樣算的話，他怎麼不說他還講過以後要買房讓我住？把買房的錢拿出來一人一半啊！拜託說點人話行不行？

我當下真的很想直接拿出幾萬塊砸在他臉上，告訴他老娘不缺這點錢，遺憾的是，我缺。人生第一次理解到，原來理智線真的是會斷的。

　　我立刻把他送我的禮物全部找出來，一鼓作氣還給他，想說這樣夠了吧！沒想到小垃拿出清單，把我還他的禮物一筆筆槓掉，接下來，三天兩頭就打電話、傳訊息來跟我討剩下的。

　　看他這副雲淡風輕卻又恬不知恥的樣子，我實在無法克制我的怒火，想說好啊，要這樣大家都來啊！於是也叫他把我送他的禮物還我。

　　結果，不要臉果然天下無敵。小垃裝死，說那些禮物都放在老家，他有回鄉時再給我，然後……繼續三天兩頭來要錢！

　　從分手到現在已經過了兩個月，我每天都被小垃疲勞轟炸，真的很不堪其擾。雖然很想封鎖小垃，但我都已把他送的禮物還他了，若不拿回我的，我實在吞不下這口氣，更不想讓他那麼好過。

但是，憑良心講，三不五時被他騷擾真的很煩。我該把錢給他，彼此斷得乾淨點嗎？但是又覺得這一點都不合理啊……

　　身為一個動不動就常把自己不喜歡的東西叫成垃圾的人，由於我常常因此受到批評與攻擊，所以我要給你一個勸：不要沒事把「垃圾」這個詞掛在嘴邊。但是就你來信的情形，**你要叫他大垃我也給過！**

　　對不起看到奇葩我可能有點過急了，先讓我排除一個情形：請問這些餐廳與禮物，是你要求他付錢的嗎？

　　因為「沒擔當、不上進」的形容詞，潛台詞就是嫌對方沒出息，賺得少，那麼會這樣嫌棄對方的人，有可能的確是把物質看得比較重，也許是因為我曾經被這麼嫌棄過，所以對這些字比較敏感些。嫌棄我的那任女友在剛交往時對我說，她交男朋友的時候，從來不用自己出錢的，所有的費用都是前男友出的，所以對於我沒有每一餐主動請她，讓她感到非常受傷，覺得我太計較了，是在跟她分你我，「兩個人在一起就是一個『unit』（單位），是不分你我的。」不過在關於所有權這件事，unit女有另外一句至理名言：「你的就是我的，我的還是我的。」

她還是有在分你我嘛！

所以我剛看到關鍵字被觸發了，想先確定你跟我錢前女友是不是同一種人？如果是的話，有沒有一種可能是，當你先提出了分手，這個沒擔當又不上進的人心有不甘，但他也知道無法改變你的決定，所以他想到可以重擊你的方式，就是要回你最看重的錢，這是他對分手一事最積極的抗議行為。

我當時怎麼沒有想到這招呢，應該是已經被馴服得太完全，完全變成了她的形狀，被甩還只想著要苦苦求她回來，沒想到只要不怕撕破臉，不用在意自己未來在對方心中的形象，被分手的小可憐是有能力予以反擊的。

人不要臉，天下無敵。

看到後面你說你也有送他禮物，那我就先假定你們是有著一般互動的「正常」情侶，（關於個人正常與否的定義，請看〈我全都要〉，八成是對的。）

會把送出去的禮物要回來的人，可能都不太懂「送」這個字的意思。對不起，我應該自信點，上一句的可能是多餘的。教育部重編國語辭典：「送禮，以財物禮品餽贈他人。」「贈送，無條件的把物品送給別人。」**送禮這個動作的精華在於「無條件」這三個字**，但偏偏很多人送了禮後就在期待禮物上的往來。

禮尚往來的意思是別人如何對待你，你也如何對待別人。如果以送禮為例，別人送你禮物，你也回送他禮物。別人無條件地送你禮物對你無所求，你也不應該對人有所求。但我們現在好像都搞錯了，我們從一開始的送禮就是有目的性的，希望對方回禮，希望討對方開心，想要維繫關係。

當送禮變成一種關係的條件交換：如果你是我女友的話，這個禮物就是我送你的；但如果今天你不是我女友了，那這個東西也就不是你的。因為當初這是我為了討好你才買的，現在我不需要討好你了，所以請你把那個東西

還回來。我知道你們的腦子可能是這樣運行的，但你們的腦子不太好。

　　送東西這個行為就像說話，話說出口之後是沒辦法收回的，就算是訊息也是一樣（雖然現在有收回功能），但是話被對方聽見就是被聽到了，你沒辦法叫對方裝作沒聽到，訊息被讀了之後就是被看到了，你沒辦法叫對方假裝沒看到。不管你之後再怎麼喊著收回收回也沒用，已經說出口的、傳出去的、離開自己的，你對它們就不再有控制力了。禮物也是一樣的，送人就送人了，之後再說要收回，誰理你啊，不要再耍白癡了好嗎？

　　這種垃圾直接封鎖刪除就好，還跟他在那邊勾勾敵，糾纏不清。會跟這種人在一起已經是瞎了眼睛，分手後還要被突破三觀的舉動提醒自己有多愚蠢，太難過了吧。如果你是個好得不得了，願意犧牲自己的時間，引領他人生命的靈魂導師，你也可以好好傾聽，讓他發洩他的不甘心，然後用對方能夠接受的方式引導他走向變得更好的途徑。不過我想這個過於理想的劇本應該是不太可能實

行，因為如果你能做到這一步，你也不會跟他分手。

最後，面對怪奇小人要比他多想幾步棋，當他被斷絕所有通訊管道之後會做什麼事情？列出可能情況 one, two, three，你的應對 one, two, three。還有，跟他在通訊軟體的對話過程打字要特別小心注意，把訊息截圖保存好，為這段戀情開個資料夾，以免垃圾未來到處嚷嚷你分手後欠錢不還。**網路公審真是好物，丟證據打臉垃圾大快人心，前提是你得都沒犯錯。**

網路公審不是什麼值得光彩的好事，我希望我們一輩子都不要碰到這樣的機會，但是面對垃圾奇葩，我們得做好最壞打算的準備，這就叫做：

禮尚往來。

怕被說閒話就先下手為強，
把他的訊息截圖保存好，
以免未來他到處嚷嚷你分手後欠錢不還。

我怎麼知道小孩是我的

 老 A

　　兩位主持人好，我是老 A。我先聲明，我不是不負責，只是真的覺得這事沒道理。

　　我兩年前退伍，因為當兵時被兵變，女友跟人跑了，所以退伍後沒想交女友，想說先找砲友應付一陣子。

　　當兵時，我的單位很硬，所以我身材練得不錯，六塊肌超明顯。很多約砲的女生就吃這套，只要我丟出照片，幾乎沒被拒絕過。約砲後沒多久，我遇到了小敏，我跟她在床上真的超合，而她也是我第一個主動再約的女生。

　　這段期間，我找到新工作，生活開始忙，就懶得再找其他人，畢竟每次都要配對和自我介紹也是很煩。所以，我就跟小敏發展成固定砲友的關係，大概一個月約一、兩次，不算很頻繁。從一開始我的規則就很簡單：開房錢都算我的，有男女朋友或暈船就結束。我是來打砲，不是來

交朋友，別把感情和生活帶進來。所以連手機號碼都不和對方交換，只用 APP 聯絡。

這些話我也跟小敏說過，她同意後，我們才開始。大概持續了半年，朋友介紹了現在的女友給我，我就坦白告訴小敏，以後別再約了，小敏也很爽快地答應了。

沒想到兩、三個月後，小敏卻突然傳訊息給我。當下我就知道不妙，以前當固砲的時候，她從沒主動找過我，想也知道沒好事。果然，小敏劈頭就說她懷孕了。

當下我其實很想直接回她：「幹，關我屁事哦！」畢竟我們最後一次做都幾個月前了，更何況我都有戴套⋯⋯就算有時玩過頭無套，也會帶她去買事後藥。而且，也是她同意無套比較爽，我才會無套的啊！

再說，我猜啦，小敏那時八成不只我一個砲友。因為每次都是我主動約她，有時候我去出差或比較忙，她都不會自己聯絡我。

那她現在跟我講這些是怎樣？以為我是接盤俠嗎？只

要喊一聲，我就要乖乖把盤子接走？當我白痴哦！

　　我不爽歸不爽，但怕她鬧，只好先安撫她，說見面再談。沒想到她像瘋了一樣，竟然直接打電話給我。我很傻眼，反問她怎會有我的號碼，結果她說是以前有次跟我去超商買東西，我向店員報會員資料時記住的。拜託，手機號碼有十碼耶！這是隨便就能記住的嗎？那麼會記，最強大腦哦？她該不會是那時候就打算設計我吧？

　　我整個火大，直接跟她講明白，我沒打算接盤，孩子也沒法證明是我的，叫她自己去拿掉。

　　結果她說，她只有跟我約過砲，而且她單身很久了，孩子一定是我的。如果我不願意負責，她就要找家人和朋友來堵我，每天打電話來盧我。還說等小孩生下來，驗DNA 就知道，我別想賴。

　　我現在被她搞得超煩，很想直接換手機號碼，但換號碼的話，我女友一定會起疑。有沒有什麼好辦法能擺脫這個女人？我真的快被她煩死了！

「哼，想射後不理，沒那麼容易，呀哈哈哈哈哈（魔性奸笑聲）」（設計對白）

老Ａ爸爸你好，由於您跟對方只有身體上的互動，沒有其他多餘的交流，在對對方一無所知的情況下，出事就先入為主地認為是別人設局要讓你當現成老爸，**但你又怎麼知道那孩子說不定真的是你的呢？**

從來信中可以看出你根本不管孩子是不是你的，你只想要小敏消失在你的生活中，謝謝你協助社會大眾更加認清男兒本色，但如果你希望永遠不要跟這個人有瓜葛，那你必須考慮「如果孩子真的是你的」的可能情況。

讓我們來進行一場模擬思考，假設真的有個孩子，而且孩子是你的，你要怎麼處理？假設孩子不是你的，你要怎麼處理？

在這兩種選擇下，也同時考量孩子母親的選擇：無論如何要生下來，有條件的生或不生，不想生。於是我們可以做出一個 2×4 的表格：

	生	有條件的生	有條件的不生	不生
老A的	爸	乾爹	A董	陪伴
不是老A的	—	—	—	—

從表格中我們可以看出，如果孩子不是老A的，那麼事情就與老A無關，他可以大方地當個射後不理冷血無情快樂投入新戀情的普通男子，所以盡快確認孩子的生父是當務之急。來信說到小敏是兩個月後出現，剛好是非侵入性的產前親子鑑定可以進行的時間，及早做DNA檢測，也能為雙方保有更多選擇的空間。

再來看如果孩子是老A的情況下，老A與小敏的互動：

小敏	生	有條件的生	有條件的不生	不生
老A	滾	滾	滾	滾
結果	可能的法律問題	可能的法律問題	是否要滿足條件	人／畜

從老Ａ來信的語氣看起來，他好像就是想兩手一攤，覺得不干他的事。如果小敏也決定不生的話，現在的聯繫代表著她希望捅出這個爛攤子的人可以出面至少負起一點責任；陪伴看診、手術、負擔費用、安養照護。但老Ａ只想著不要讓女友發現這件事，看起來是個空交集。我想老Ａ在當人跟當畜生之間似乎是會選擇後者。那後續如果被人堵到，也是罪有應得；人家好好地提供了一個請你當人的方案，要你拿出誠意解決，但你卻想當縮頭烏龜，無視於自己造成了他人的痛苦，只想瞞天過海繼續與新女友的熱戀生活。那麼被打、被鬧，女友掉頭就走，人財兩失，這些情境發生的機會很高啊。還不如好好坦承，好好當個人面對這一切，也許女友還會覺得你有點擔當。就算保不住女友，那也是自己承擔自己種下的因，為自己過去的選擇和行為負責。

　　如果小敏的選擇是「有條件的不生」，若她的「條件」是合理範圍內的費用，那情況同上，就看你要當人還是當畜生；但若她獅子大開口，用以下兩點作為談判的籌

碼：一、我要鬧到你家人公司都知道，讓你的戀情告吹，工作被炒；二、我要生下孩子並且向你提出認領之訴及子女扶養費之訴，強制執行扣押你的財產，讓你付教養費。這樣的小敏講難聽一點就是勒索，那得好好算一下她開口的金額與你的薪資被扣 18 年孰輕孰重，**有沒有辦法靠調解跟誠意壓低金額，讓她不要瘋到真的把孩子生下來，讓這個世界又多一個難過的肉身。**

　　至於如果小敏想生下孩子的話，她會來找你，有可能是慌了，或是希望你能夠負責，如果你不負責，她也能依民法第 1067 條第 1 項：「有事實足認其為非婚生子女之生父者，非婚生子女或其生母或其他法定代理人，得向生父提出認領之訴。」就算當下她打算獨自扶養，但在小孩出生後 7 年內，她都可以幫小孩向法院訴請生父認領。你在這段期間內，隨時可能成為法律認證的老爸，可得做好心理準備了。

所以，趕快確認 DNA 吧，如果真的是你的孩子，
好好負起責任吧。

file030

我是個第三者，全都是我的錯！

😞 向上

　　馬克、瑪麗，前陣子聽到一個點友分享被劈腿的經驗，勾起了我一些不堪回首的過往回憶。這些事情在我心裡憋了很久，越想越不堪……我決定鼓起勇氣揭開它，寫信給你們。

　　去年，我因為參加公司集訓活動，認識了分公司的David。雖然我們身在兩間不同的公司，但因為距離不遠，有時候公司互相支援，還算滿常碰面。

　　他時常主動幫我的忙，找我聊天，也會在我被電或出包時來安慰我；從他的行為舉止和講話的態度，我都能感受到他對我有好感，而我也在這樣的攻勢下，漸漸對他產生了感情和依賴。每天下班後，我們都聊天聊到很晚，假日的時候也會相約見面。

　　原本，我以為我們會順利發展下去，直到那一天，我

從同事口中聽說，David 有個懷孕的未婚妻，並且正在籌備婚禮。

　　我很訝異，又擔心同事覺得我很怪，只好故作鎮定，找機會去向 David 確認。David 沒有否認，反而坦白告訴我，他和未婚妻是遠距離戀愛，彼此之間有很多問題，只是因為未婚妻懷孕了，才不得不結婚。

　　我覺得這根本是藉口，不管怎麼樣，他要結婚都是事實，我們不應該有任何超出友誼的交往。所以我斬釘截鐵地告訴 David，他要找我聊天可以，但我們不能有任何肢體上的碰觸。他雖然看起來不太情願，但也答應了；而我呢，雖然有點心痛，也說服自己放棄了。

　　接下來，我們維持著例行的聊天，只是不再單獨出去，在公司碰面時也保持著距離。但可能就是因為這樣的壓抑吧，隨著他的婚期越來越近，我們越來越難受……有一天，他終於開口約我單獨見面了。

　　我知道不該答應他，但一方面禁不起他的苦苦哀求，

另一方面，其實內心也很想見他。於是只好告訴他，要約在人來人往的地方，要在公眾場合，他很乾脆地答應。沒想到，這就是錯誤的開始。

　　他跟我約在電影院，既是公眾場合，又人來人往，兩個條件都對，卻又不對。在昏暗的電影院裡，他藉著冷氣很冷的理由，來牽我的手，無論我怎麼掙扎，他都沒放開。離開電影院，趁著我抗議的時候，他又出其不意地吻了我。

　　我知道不能再這樣下去了，我落荒而逃，他卻一把抱住我，在我耳邊很可憐地說：「我們已經沒有時間能夠浪費了，拜託～這是第一次，也是最後一次了……」

　　可能是我犯賤吧，我一時心軟，回過神來的時候，已經跟他到了汽車旅館。但是，他說對了，也說錯了，這是第一次，卻不是最後一次。同樣的戲碼反覆發生，每次他都可憐兮兮的，每次我都心軟，每次見面都如膠似漆，每次分開都難分難捨。

在我們糾纏不清的這段時間裡，他的未婚妻已經變成妻子，小孩也已經臨盆。David 正式成為人夫及爸爸，我的處境也越來越不堪，他甚至還把我帶進家裡，睡在他老婆睡過的床上。

　　我真的很痛恨我自己，也對他太太感到很抱歉很抱歉。因為我的軟弱，傷害了一個家庭，傷害了她，也傷害了我自己。

　　我知道，如果我告訴別人這件事，別人一定會說：「齁！你是第三者耶，裝什麼可憐啊？」「噁心！自己在那邊半推半就的，怪誰！」之類的。

　　這些都沒錯，我也明白，一切都是我的錯。我現在之所以能夠鼓起勇氣寫這封信，是因為我終於下定決心，斬斷這段不該有的關係。我封鎖了 David，離開和他共同的職場和生活圈，到了另一個環境生活，花了很長很長的時間療傷……

　　在這裡，我想奉勸所有在聽馬克信箱的傻女孩，如果

你們也陷在這樣的泥沼裡，趕快鼓起勇氣走出來吧！不要一錯再錯了，因為到最後，受傷最深的人只會是你自己而已。我能做到，你一定也可以，希望這世界上，不要再有像我一樣的傻女孩了⋯⋯

　　謝謝馬克和瑪麗看完我寫的這封信，我想，這封自白，也算是我的贖罪吧？

Title: 你是老闆。You're the boss.

人類的 default 滿好理解的，就是在追求一個字「爽」。**大部分人的爽感來自於輕鬆，少部分人的爽感來自於突破。**輕鬆的爽放在求職上，就是錢多、事少、離家近，當個薪水小偷。而給錢的一方，會想些方法來減少被偷的損失；例如在辦公室網域安裝防火牆與監視器，管制員工休息時間，設定繁瑣的檢核程序以相互監督等。管理者與被管理者的關係，常常是這樣子彼此猜忌與提防。

當然，現代的管理學提倡的是另一種的管理模式，用 OKR 讓員工自行賦予工作目標，激發員工的責任心與使命感，讓組織朝著同樣的目標一起往前。要讓這樣的關係成立，企業首先要找到那些爽感是來自於追求卓越與自我突破的少數人。

在「人生爽爽過就好」與「人生就是要超越自我」的光譜上，你偏向哪一種人呢？

又，你現在遇到的對象，他是哪種人呢？

身為一個大部分的男性，我可以告訴你，我們內建的模式是爛軟度日，最理想的情況是什麼都不用做讓我每天窩在房間打電動。**職場上的廝殺什麼真的是不得已，還不都只是為了面子與求偶需要**。

把追求輕鬆爽的心態放在感情上，就是不用經營、不用負責、又有砲打。讓我們把感情類比成工作來看看吧，你的角色就像是職場上的老闆與主管，當你遇到這種死皮賴臉只想偷你人生的時間、覬覦你的身體的人，你有發展出應對的機制嗎？

男女只是一種刻板印象的分類，讓我們把關係劃分成「追求者／被追求者」、「進攻／防守」、「主動／被動」吧。

今天當你是被追求的一方，請不要忘記你也是有選擇權力的。主動的人，他們的優勢在於可以選擇多個對象，而被動的人，則可以選擇接受與否。身為一個防守者，你要了解進攻方的攻擊手段，你也要把自己的防禦能力點

滿；砸大錢的銀彈攻勢，花時間甜言蜜語的陪伴攻勢，準備驚喜的浪漫攻勢，投你所好「我們是同一種人」的靈魂伴侶攻勢，還有最魯最可悲的「拜託拜託、可憐可憐我吧」的同情攻勢。

所有人都應該要內建「抗盧」功能。

抗盧成功的前提是：**你知道自己要的是什麼。**

我們都有被需要的期待，喜歡被人抱著的感覺。**但可怕的是，被錯誤的人抱著，感覺一樣很好；我們的感覺不會分辨對錯，我們的感覺只管當下爽不爽**（而通常當下讓我們感覺很好的東西，對我們人生長遠來看，大多是負面的，想想美食、蛋糕、抽菸、飲料、滑手機、shopping）。

愛情不是感覺，是選擇；感覺常常在變，隨著心情而變，而我們要培養的，是選擇的能力，經由意識和理智做出選擇，而不是經由感覺選擇的能力。

當很多人被問到「你對另一半有什麼條件」時，我最常聽到的答案就是「隨緣吧」、「看感覺吧」，這就像問人要吃什麼他回答「隨便」一樣，令人摸不著頭緒，無法做出決定。

　　「感覺」和「隨便」的背後，是他不知道自己要什麼，但是當選項浮現後，他可能知道自己不要什麼。也就是你的選擇是由外在的刺激來決定的，而不是由內而生的。你不知道你自己要什麼，你只能 go with the flow，隨著外界提供的選項起舞。

　　今天你身為一個老闆，你知不知道你想要什麼樣的員工呢？對於要不要錄用前來應徵工作的求職者，你不會只說「看感覺吧」!? 如果一直「感覺不對」，那也就算了，頂多被人貼個「難搞」的標籤，最麻煩的情況反而可能是「感覺對了」！

　　用「感覺」當作防守的人，看似難以攻陷，但是反過來說，一旦讓你覺得「感覺對了」，那在這段關係中，他很快就能取得主導權，甚至可以對你予取予求，他知道你

會無底線地退讓，因為他是你認可的那個「感覺對了的人」！

用「感覺」當作防守的人，以為自己的防守固若金湯，以為用「感覺」作為評判標準，一輩子都遇不到對的人，你已經苦等了非常非常久，所以一旦對的人竟然真的降臨，過去的苦等完全化作臣服，你的心智會告訴你一切的等待都是為了他的出現，你的城牆會瞬間瓦解，對他的要求難以抵抗。因為感覺不會分辨對錯啊！

我曾經遇過聰明且工作能力很強的女生，名校大學高學歷，工作上的決斷力優秀又有效率，但感情上卻被一名已婚之夫玩弄了十年之久。

「他說他跟他老婆沒有愛了。」

「他說他跟她名存實亡。」

「他說他真正愛的是我。」

「他說再給他點時間，他會處理好，跟我在一起。」

十年，夠久了吧!? 不，數字也不是重點，不管是十

年還是一個月，你要知道，**他不會處理的。**

　　因為我們的內建模式就是能拖就拖，呼弄得過一天就是一天，反正我就是吃定你，因為我是那個天選的「感覺對的人」，我甚至還會放話貶低你，告訴你你再也遇不到像我一樣的人，再也沒有人會像我這樣對你、這麼懂你、這麼愛你。（這樣叫愛？這種鬼話也說得出來！）

　　當你下定決心分手，我再使出淚眼汪汪低聲下氣的小狗招式，我再提些我們過往曾經經歷的美好，我再編織些我曾說過關於我們未來的想像，我知道你一定心軟，我知道分分合合這四個字，最後一個字還不是合 😊

　　我想對正陷入這種情況的你說，你是有能力的，你是有權力的，**關係需要兩個人同意才能開始，卻只要一個人決定結束就是結束了。**

　　面對有害的關係，就像對待家中的雜物一般，**需要斷捨離**，那些用不到的、很久沒用的、覺得未來會用到的，讓他們通通離開你的空間吧。

「他的話語對我還有意義。」

「我還眷戀他擁抱的溫度。」

「我想跟他在一起。」

那些好聽的話都是假的，那些擁抱不是真心的，你所期待的關係不會來的。

對你人生沒有幫助的東西，
就是垃圾，丟掉吧！

最後瑪麗想說

我單身已經超過 12 年，因此有了「單身大使」這個稱號。

很多聽眾羨慕我，覺得我自由自在，不用經歷愛情裡那些惱人的困擾。很多聽眾擔心我，覺得我強顏歡笑，沒有愛情的人生一點都不完整，註定孤老。

分手了，哭哭啼啼地來信，堅定地喊著要加入單身大使的行列，一生效忠。過一陣子，又來信寫著，不敢相信拜了月老後，遇見了命中註定的他，求我不要放棄我的人生，有一天一定也會幸福的。

這樣的瘋子，我看了好多。

馬克信箱的組成，有七成以上都是感情困擾。而我們最常說的建議，就是好好認識自己。

正視自己的聲音，不要抗拒那個真實的自己，不要害怕。

唯有了解自己，才能為自己做出正確的判斷。

我之所以快樂不是因為我單身，而是當我明白自己想要什麼，那麼無論我是單身還是喪偶，都是快樂的。願每個人都可以在馬克信箱這個樹洞裡，整理自己的思緒，練習重整的能力。

雖然不知道需要多久的時間，但放心，馬克信箱在這裡陪你。

馬克的致謝

謝謝 Spring 開了我的信，接見我，讓這本書有機會問世。

謝謝三采的編輯團隊 Shawna、Anai，行銷 Dan and Judy。

謝謝點友們的通力合作，自動自發地分工，聽完五年分的馬克信箱錄音檔，對內容分門別類，記錄 time code。謝謝聖普、腹真、貓貓、陳昇、阿硯、Sandy、Jamie、Peggy、Vickie、棋、尼、西西、生魚片、咩、凱若、萱、Ian、Jenny、Ling、雨果、Kelly、康、寧、木瓜、臻、圓、maggielu、小瞳、熱愛打字的 Eso Rae。

謝謝負責改寫故事的亞樹，如果沒有你的協助，這本書也不可能出版，不好意思讓你莫名其妙地接到了很多的負面能量，書寫到最後，我有一種是在跟你對話的感覺，希望你一切都好。

感謝馬克信箱讓我有機會讀到這麼多真實的人生故事，並且藉由這些故事認識與碰觸到更多的人，更感謝所有收聽馬克信箱、來信到馬克信箱的聽眾朋友，是你們讓這個節目活了起來，希望你們的人生片段，不論苦甘，都能在這個數位頻道中好好地存放，然後，活在當下，迎向更好的未來。

國家圖書館出版品預行編目資料

親愛的馬克瑪麗：Re: 是不是每個男人都這樣 ?/ 歐馬
克作. -- 初版. -- 臺北市：三采文化股份有限公司，
2022.09
面；　公分. -- (Mind Map)
ISBN 978-957-658-888-4(平裝)

1.CST: 兩性關係 2.CST: 戀愛

544.7　　　　　　　　　　　111010567

suncolor
三采文化集團

Mind Map 244
親愛的馬克瑪麗
Re: 是不是每個男人都這樣？

作者｜歐馬克　繪者｜吳瑪麗

編輯四部 總編輯｜王曉雯　主編｜黃迺淳　美術主編｜藍秀婷
封面設計｜池婉珊　版型設計｜池婉珊　美術編輯｜方曉君
專案協理｜張育珊　行銷副理｜周傳雅　行銷專員｜鄭惟方
內頁編排｜陳佩君　文字編輯｜亞樹　校對｜周貝桂

發行人｜張輝明　總編輯長｜曾雅青　發行所｜三采文化股份有限公司
地址｜台北市內湖區瑞光路 513 巷 33 號 8 樓
傳訊｜TEL:8797-1234　FAX:8797-1688　網址｜www.suncolor.com.tw
郵政劃撥｜帳號:14319060　戶名:三采文化股份有限公司
本版發行｜2022 年 9 月 30 日　定價｜NT$380

著作權所有，本圖文非經同意不得轉載。如發現書頁有裝訂錯誤或污損事情，請寄至本公司調換。 All rights reserved.
本書所刊載之商品文字或圖片僅為說明輔助之用，非做為商標之使用，原商品商標之智慧財產權為原權利人所有。